U0459747

The System Selection in Industrialization
Process of China's Newspaper:
From the Perspective of Game Theory

中国报纸产业化
进程中的制度选择

——基于博弈的视角

黄蓉　著

中国社会科学出版社

图书在版编目（CIP）数据

中国报纸产业化进程中的制度选择：基于博弈的视角/黄蓉著. —北京：中国社会科学出版社，2016.3
ISBN 978 – 7 – 5161 – 7547 – 7

Ⅰ.①中…　Ⅱ.①黄…　Ⅲ.①报业—产业化发展—研究—中国　Ⅳ.①G219.2

中国版本图书馆 CIP 数据核字（2016）第 018072 号

出 版 人	赵剑英
选题策划	侯苗苗
责任编辑	侯苗苗
责任校对	石书贤
责任印制	王　超

出　　版	中国社会科学出版社
社　　址	北京鼓楼西大街甲 158 号
邮　　编	100720
网　　址	http：//www.csspw.cn
发 行 部	010 – 84083685
门 市 部	010 – 84029450
经　　销	新华书店及其他书店

印　　刷	北京君升印刷有限公司
装　　订	廊坊市广阳区广增装订厂
版　　次	2016 年 3 月第 1 版
印　　次	2016 年 3 月第 1 次印刷

开　　本	710 × 1000　1/16
印　　张	11.75
插　　页	2
字　　数	201 千字
定　　价	45.00 元

凡购买中国社会科学出版社图书，如有质量问题请与本社营销中心联系调换
电话：010 – 84083683
版权所有　侵权必究

序

屠忠俊

中国 30 多年来的传媒经营管理改革主要在经营层面，特别是在经营体制层面上进行。体制决定方法，经营制约管理。上位层面的问题没有确定解决，下位层面的问题的解决是否最优或可行往往无从判定。因此，尽管与发达国家在体制上基本无问题可言，经营方向明确的媒体比较，中国媒体在具体的管理制度、程序、方法、技巧的"诺浩"（know-how）方面还有较大差距；但媒体内部管理层面的具体业务，如财务管理、技术管理、设备管理、生产管理、营销管理、人力资源管理等业务的改进，在这 30 多年中，基本并没有被作为重要的探求内容。

从经营管理改革实际遵循的路径来看，30 多年来，中国媒体基本是在步国有企业改革之后尘。中国的国有企业改革，经历了全面实行放权让利、"两权分立"与承包制、股份制试验与转换经营机制、建立现代企业制度与硬化企业预算约束、优化资本结构与"抓大放小"等阶段。在国有企业经历这些阶段的时候，国有媒体往往于一段时间内保持审慎的滞后，看准了再采用基本精神及做法与国有企业大体一致的方式进行相应改革。传媒经营管理改革在 20 世纪后期推行得相当稳妥，可以说是颇有章法、大见成效，在相当程度上，应归功于对国有企业改革经验的学习。

"改到深处是产权。"国有企业资本结构的优化，遭遇"产权"的壁垒或堑壕。经历公司治理改革、三年（1998—2000 年）改革攻坚、扭亏脱困、大规模改制、职工身份改革、外资并购、防止国有资产流失等阶段，国有企业在过河的深水区"摸石头"，步履较此前艰难。有鉴于国有制企业产权改革的某些失误与挫折，媒体在利用自己积累起来的空前壮大的经济实力，跨越"产权"壁垒或堑壕，开创新的改革局面方面，就颇为踌躇了。

这种踌躇，主要是因为，与国有企业相比，国有媒体接受国家的控制更为直接、更为严格。中国 30 多年来的传媒经营管理改革是在国家（执政党与政府）与媒体之间，传媒的社会效益与经济效益之间的张力下进行的。国家自上而下地倡导传媒经营管理改革，以减轻自己办传媒的财政压力，遂使媒体强化经营管理的诸多举措得以顺利推行，在诸如集团化建设一类的事情上，还能够加速推进。但国家在从新闻自由到传媒产权等一系列根本性问题上的决策方向还有待政治体制改革深入后确定，又使媒体在一些核心体制问题——诸如现代企业制度建设，资本运作，跨媒介、跨地区发展——的操作上，往往反反复复，进退失据。

上述情况反映在传媒经营管理的学术研究上面，就是把制度经济学（主要是新制度经济学）的理论作为解释和解决中国传媒经营管理改革的实际问题的框架的做法渐渐受到重视。而当代的制度经济学者的一个重要的研究方法则是引入博弈论，从诸多利益（经济利益、政治利益、社会利益……）相关者的相互博弈（合作的或非合作的）的角度来进行制度分析，把制度视为博弈达至均衡时，参与博弈的各方的战略组合的固化。制度就是博弈的规则；法律、法规、政策、产权制度、契约合同是正式的博弈规则，惯例、习俗、礼仪乃至种种潜存的因袭的传统则是非正式博弈规则。

黄蓉基于博弈视角对中国报纸产业化进程中的制度选择问题的研究，是在对中国传媒经营管理改革总体格局具有深刻理解的基础上进行的。她抓住"制度"和"博弈"两个关键词，参照实际情况，展开理论思维，表现出对学术前沿的敏锐感觉和方法上求新探索的勇气。

黄蓉的研究把中国报纸产业化进程中的制度演化归结为渐次复杂化的三个阶段的三类博弈——总体性社会下的单方（国家权威使报社的经济利益诉求无从表达和实现）博弈，改革开放初 20 年左右时段的两方（国家与报社）博弈，中国加入 WTO 后的三方（国家、报社、资本）博弈——的结果，提出并论证了理想的报业制度应是四方（国家、报社、资本、受众）博弈达至均衡的结果的命题。她的描述、分析、论证建立在对中国传媒经营管理改革的历史事实的把握和对大量相关文献的解读的基础上，是传媒经营管理学术领域具有创新性的成果。

对"制度"的界定，是由研究的语境和分析的目的决定的。在中国，对国有传媒而言，正式规则，尤其是国家的法律、法规、政策，是决定性的制度供给；它们构成施于传媒的直接且高效的制度约束。传媒经营管理改革中的制度变迁，往往发端于媒体在市场环境下不得不然的诱致性变迁。诱致性变迁获得国家认可，进入相关法律、法规、政策，才能转化为以国家权力推行的强制性变迁。诱致性变迁不被国家认可，当事媒体的改革或者就走回头路，或者只能在体制边缘勉力维持。国家权力是着力于经济建设（1978—1986 年），抑或经济调节（1987—2002 年），抑或公共服务（2003 年以后），抑或社会和谐，决定着国家对传媒经营管理的政策，决定着传媒经营管理改革的方向和进程。

传媒经营管理研究者固然可以首先把制度分析的重点放在国家正式制度与传媒改革举措的互动上，但也应该进而关注市场环境中的产权制度、契约合同等类正式规则，惯例、习俗、礼仪乃至种种潜存的因袭的传统等类非正式规则在传媒经营管理改革中的诱致性变迁中的作用。这种进一步的关注将会启发我们考虑下述问题：博弈参与者要有很高的认知水平，秉持方法论个人主义；单一的博弈论模型并不适于处理诸如感情、传统、思想裂变与飞跃之类可能因素对人的个体、群体乃至国家共同体的行为的影响这样的复杂性问题。如果把社会科学视为研究人类行为的科学，其统一的、整合的研究应综合经济学、人类生物学、人类学、社会学、心理学、政治学……来建立解释框架，而且使用的数学方法也应超出博弈论的范围。我们寄希望于黄蓉这样的新锐社会科学研究者立足于各自的专门领域，以开放的胸怀、开创的勇气，发现问题、解决问题，贡献出新的成果。

至于说到作为确立理想报业制度的前奏的终极博弈格局，似乎也不就是四方（国家、报社、资本、受众）博弈或者再多若干方的博弈。东晋名相谢安的哥哥叫谢奕，字无奕。中国人在名与字的配套称呼上，往往表现出深刻的哲理思维；"奕"与"无奕"可作一例。"奕"的极致是"无奕"，以"无奕"终结"奕"，必须首先有"百奕百胜"的功夫垫底。人类社会的制度建设行为上的看似"无奕"，无非会在两种情况下出现：一是经过反复的多方博弈，达至均衡（其可能性由三个纳什均衡的存在性定理给出）；人们接受作为均衡结果的制度安排而不深究，甚至遗忘生成"无奕"的"奕"的漫长路程是怎么走过来的。二是人的发展到了这样的程度，他有极高的认知水平，却不秉持个人主义，在和谐中完成合作，无须患得患失地去"奕"。这里所说的"人的发展"，既指个体的人的发展，又指群体的人的发展，还指各种规模上的人的群体的公共事务的处理者

（国家就是在一国规模上的国民公共事务的处理者）。至少在社会主义的初级阶段，制度建设行为上的看似"无奕"的出现，还只会对应于前一种情况。正因为如此，基于博弈视角的制度选择问题的研究，将是一个大有可为的跨学科研究领域。

是为序。

目　录

第一章 绪 论

第一节 问题的提出

我国报纸从产业化萌芽到现今初具规模，经历了突破式的发展，特别是改革开放以来，报纸产业通过前期积累，经过市场转型，实现了日益稳定的增长。30 余年的探索，基本完成从粗放式的单一经营到集约式的整体运营的转换。从 1996 年《广州日报》组建第一家报业集团以来，迄今已组建报业集团 49 家，包含报业在内的传媒产业在经济领域影响深远，报业的发展既铭刻着我国市场经济发展的印痕，同时对整个市场经济的规范与完善具有重要的影响力。另一个不容忽视的背景是，在新媒体崛起并普及的今天，报纸如何保持既往的社会影响力与报业实现与时俱进、可持续发展相辅相成，创新报业制度是实现这一切的关键。2013 年，党的十八届三中全会工作报告将"推进文化体制机制创新"作为深化文化体制改革的重点，决定了未来报业改革的路径与方向。

作为舆论工具的报纸，甫一进入中国就被刻上强烈的政治烙印，宣传、导向的属性始终是中国报业演进的逻辑主线。双重属性的表述使报业在政治属性之外赢得了市场空间，经营、资本、利润等核心话语开始进入报业发展体系之中。面对新媒体的竞争，在报纸阅读率下降、报业市场被挤压的今天如何通过制度创新激发报业潜力、凝结传统媒体在网络时代的竞争力是现今的热门话题。展望、预测报业发展的未来，必然要回溯报业既往发展的逻辑与线索，这就是本书写作的初衷。

媒介经营的研究者们不约而同地将视线聚焦于报业发展进程：中国报纸产业化进程的决定因素是什么？相当一部分研究都将答案归结为报业制度的调整与变革。这是本书极为认同的观点，它也得到报业发展明确而清晰的实证：1978 年"事业单位，企业化管理"制度的出台，成为我国报业迄今为止最为重要的一次变革，为产业化提供初始条件；20 世纪 80 年代报纸的自办发行、多种经营制度的局部推进为产业化提供了物质基础；1992 年开始讨论、1996 年创办的报业集团可以称为产业化进程中的一次整体扩张；跟随中国加入 WTO 的脚步，报业融资制度启动了产业化最核心的命题。可以说，我国报纸产业化进程不断深入离不开制度的探索。关于这一问题，新制度经济学给出了更为精确、明晰的回答。新制度经济学的创始人诺斯认为，制度对经济绩效的影响是无可非议的。① 他认为决定社会荣枯的，只可能是制度；与诺斯相呼应，我国学者邹东涛认为，制度更是第一生产力。② 这些结论在经济学领域，在传媒产业的研究领域一直被奉为圭臬。直至今天，我们并不怀疑这些提法的普适性，这样的结论在报纸产业制度研究初期的确意义重大，彼时研究的重心在于回答产业制度的作用、意义这样比较宏观、比较表层的问题，研究视角聚焦于对报业制度静态的梳理、整合和评价上。

　　如果就这一问题继续追问，就会发现，停留在宏观层阐释远远不够，没有将报纸产业制度变革的微观动力机制描述出来：报业为什么要选择这样的一组制度？这组制度是不是我国报纸产业化进程中的唯一选择？如果我们把每一个新制度的出台看作一次选择的话，选择由谁来推动的？制度选择者是谁？这些制度选择者依据何种逻辑来运行？对这些问题的思考促使本书的生发。以博弈论的视角来看，社会中的各个利益主体都是利益最大化的追求者，他们总在条件允许的范围内做出理性的策略选择。基于此，我们研究的问题便深化为，在博弈视角下参与主体如何选择制度？为了回答这个问题，我们必须对报纸产业化进程进行学理的思考，剖析不同时期产业制度选择主体的策略，寻找我国报业制度选择的动因、轨迹、规律。解答这些问题有助对报纸产业化历程有更清晰的认知，对报业如何实现持续稳定健康发展也有重要启示。

---

　　① ［美］道格拉斯·C. 诺斯：《制度、制度变迁与经济绩效》，刘守英译，上海三联书店 1994 年版，第 3 页。

　　② 余映丽：《模式中国：经济突围与制度变迁的 7 个样板》，新华出版社 2002 年版，第 5 页。

第二节　研究动机

一　现实层面

对于我国报业发展而言，产业化是不可忽视的路径；对于研究报业产业而言，制度选择成为不可回避的领域。报纸产业制度的初始安排及适时调整应是中国报业研究的重中之重。这是因为报业所取得的巨大成就以及遭遇的困惑，均与报业制度有着最直接的关联。随着我国报业改革的深化，制度选择越来越需要审慎而为，选择什么样的制度决定了我国报业的价值取向、发展规模及增长速度。早在 20 世纪 30 年代，黄天鹏就指出制度研究的重要性，他说："有了新闻政策，对幼稚的报业，才有轨道可循，可以逐渐地发展。故此，新闻政策是个值得注意的问题。"① 这里的政策与本书所提出的制度具有相似的内核。

新中国成立以来，报业制度获得相当程度的开放与突破，在"坚持社会主义新闻方向，不违反国家新闻政策的前提下，放松对报业经营和发展的直接管制，减少对报业市场主体经营行为的行政性干预，充分发挥市场机制的调节作用，形成报业市场有效竞争的格局"②，已逐渐成为我国报业制度的指导原则。鉴于报业的特殊属性，其市场化、产业化进程较之国企改革更为艰难，徐光春曾言："报业不是一般意义上的产业，是一种特殊的产业，是具有政治性、意识形态性的特殊产业。"③ 报纸产业制度变迁经历了多元利益主体反复博弈才得以实现，"渐进、滞后、冲突、不均衡"④ 成为报纸产业制度最为恰切的表达。时任新闻出版总署署长龙新民也认为："报刊业改革有其特殊性和复杂性，随着改革的不断深入，出现了许多新情况、新问题、新矛盾，改革的难度很大。"⑤ 报业制度选择

---

① 朗劲松：《中国新闻政策体系研究》，新华出版社 2003 年版，第 7 页。

② 金碚：《实行与社会主义市场经济相适应的报业产业组织政策》，《中国报业》2000 年第 1 期。

③ 转引自程世寿《媒介产业发展：新闻改革新趋势》，《新闻出版报》1999 年 3 月 2 日。

④ 周劲：《转型期中国传媒经济的三角分析框架：以传媒治理结构为例》，《新闻大学》2006 年夏季号。

⑤ 龙新民：《转变职能加强监管依法行政开创报刊管理工作新局面：在全国报刊管理工作会议上的讲话》，《传媒》2006 年第 9 期。

的复杂性是我国报纸产业化进程最独特的表征，抓住这些特点进行剖析，在一个理论高度来体认报业制度选择行为，才能切中肯綮。"在每个国家的发展过程中，都有一些具有特色的东西，这些东西是不能在历史上再现的"①，用学理的方式描述这一具有中国特色的制度演进过程，对全球传媒产业发展是具有反思和启示意义的。党的十六大报告中，制度创新被提到一个新的高度，对报纸产业化问题的探索不仅对报业经济有着现实意义，也可为当前文化体制改革提供理论依据。

二 理论层面

报业在我国经历了从无到有，从萌芽、成长到壮大的历程，报业制度也在这一过程中发展与完善。报纸产业制度每一次调整与变革都是在突破既有制度框架、打破制度均衡下完成的，而这样的选择实际是一个利益格局的调整过程。本书立足于寻找下列问题的答案：我国报业制度选择的参与者推动制度选择的内在动因；在制度选择的过程中各个组织的利益如何分配和调整；选择格局如何建构最为均衡。这些任务依靠原有的分析框架是难以完成的。现有的研究成果忽视了报业制度走势中的细节分析，这实质是将我国报纸产业化历程做了简单化的处理，不能将报业发展的复杂与曲折表现出来，缺乏足够的说服力。正如周劲所言："处于转型中的中国传媒，政治风险、自然风险、道德风险、技术风险并存，它的分析空间不像其他领域那样'光滑'……只有根据中国传媒经济系统的特征重构新的分析空间，才能解释中国传媒经济的这种复杂、独特的、非均衡演化过程。"② 因此，本书"引入新的方法，着眼于新的视角，或许会发现有不少历史迹象应当还其本来面目"。③

报业制度选择的过程涉及不同的利益主体，每一个主体在进行选择的时候目标都极为明确——利益最大化，总会赞同有利于自己的行为，反对那些对自己不利的行为。由制度选择主体"决定哪些制度安排、文化形

---

① ［匈］亚诺什·科内尔：《突进与和谐的增长》，张晓光等译，经济科学出版社 1988 年版，第 20 页。

② 周劲：《转型期中国传媒经济的三角分析框架：以传媒治理结构为例》，《新闻大学》2006 年夏季号。

③ 张杰：《二重结构与制度演进：对中国经济史的一种新的尝试性解释》，《社会科学战线》1998 年第 6 期。

式和规则将获得持续和再生"，① 而博弈行为的结果同样是参与人追求利益最大化，因此本书选用博弈视角分析 1949 年至今中国报业制度选择行为，对报业制度选择的关键点予以重点阐述，对制度选择主体不同阶段所担当的角色着力勾画。本书试图构建报业制度选择的一般模型，厘清我国报业制度选择的特征和脉络，展望未来报业制度更为均衡的格局。这套分析框架能够解释报业制度既往的变迁路径，对于以后的制度选择趋势也有着预期与展望。更为重要的是，这样的分析模式能从微观的层面使报业制度发展中复杂的、不规则的波动得到更清晰、准确的呈现。

第三节 研究思路

一 逻辑起点

有限理性"经济人"假设是本书的逻辑起点。经济学假设每个个体都是有理性的"经济人"，他们是会计算、有创造性、能寻求利益最大化的人。② 政府、报社、资本、受众是选择报纸产业制度的主体，他们都是有理性的"经济人"。具体表现在三个层面：第一，行为目的性明确，即"当遇到一连串的选择时会挑选其中他认为是最能服务于他的目的的选择"。③ 虽然从新中国成立初期直到现在，报业制度的选择主体都不同程度上对自己行为做出了调节，但有一点始终没有改变，就是各个行为主体在制度选择过程中都以利益最大化作为自己明确的目的。第二，自愿交易，互惠互利。④ 之所以称为有理性的"经济人"，其原因就在于报业制度选择主体并不以损害他人的利益为前提，很多情况下还乐于合作，理性的制度主体都深知合作比不合作好。⑤ 这是由于在报业制度选择中，损害他人获取利益会遭受其他人的消极抵制或积极报复，从而导致更大的损

① ［瑞典］汤姆·R. 伯恩斯等：《结构主义的视野：经济与社会的变迁》，周长城等译，中国社会科学文献出版社 2004 年版，第 254 页。
② 罗必良：《新制度经济学》，山西经济出版社 2005 年版，第 3 页。
③ ［美］格林、沙皮罗：《理性选择理论的病变：政治学应用批判》，徐湘林、袁瑞军译，广西师范大学出版社 2004 年版，第 18 页。
④ 罗必良：《新制度经济学》，山西经济出版社 2005 年版，第 3 页。
⑤ 杨俊一：《制度哲学导论——制度变迁与社会发展》，上海大学出版社 2005 年版，第 184 页。

失。第三，"均衡—打破均衡—均衡"是理性"经济人"相互博弈循环往复的过程。均衡的状态意味着参与主体改变这一格局不会为自己带来更多的利益，但人类的逐利本性决定"人类行动的目的是改善个人最近的境况，人类总是倾向于发现机会"。① 只要存在更优选择的机会，经济人就会打破原有的均衡，向新的均衡移动。

必须说明的是，"经济人"所具有的理性不是完全理性，而是有限理性。传统经济学认为人是完全理性的，能够洞察一切事务，掌握全面的信息，所作出的决策总是明智而合理的。以西蒙为首的"有限理性学派"改进这一假设。西蒙指出："经济行为人在进行决策时，并不能进行最优选择，因为人的理性是有限的。信息的不完全及所面临问题的高度复杂和未来的不确定性，使决策人不可能进行全面精确的计算。行为人只能追求一个满意的选择方案，而不是最优的选择方案。"② 张曙光描述主体行为目标和行为结果的差异时，从侧面验证了有限理性假设，"人们在行为过程中总会根据外部环境的变化和信息的获取来修正自己的行为"。③ 但这种修正"既不会否认初始目标的最大化性质，也改变不了修正后目标的最大化特征……虽然修正后的目标和初始目标不同，也可能与行为结果还有差异，但却是当时当地具体条件下的理性选择"。④

以有限理性"经济人"角度观察我国报业制度选择，可以发现，有的制度并不是绝对最优的选择，却能够达成均衡，并在制度实施的层面起到无可替代的作用，其原因应归结于制度选择主体的"有限理性"：不可能突变式进行全面革新，只能在互动中选择各方相对最优的策略集。有限理性"经济人"假设作为研究起点，一方面让我们更清楚地界定产业化进程中参与主体的逐利本质，即推动制度选择的内在驱动力；另一方面能够阐释制度选择中的一些错位与迂回，这都是正常而合理的，信息的缺乏和格局的复杂使报纸产业化进程充满不确定。

二 研究视角

本书采用博弈视角，是基于以下几个原因：

---

① 王廷惠：《微观规制理论研究——基于对正统理论的批判和将市场作为一个过程的理解》，中国社会科学出版社 2005 年版，第 127 页。

② 罗必良：《新制度经济学》，山西经济出版社 2005 年版，第 6 页。

③ 张曙光：《制度·主体·行为：传统社会主义经济学反思》，中国财政经济出版社 1999 年版，第 55 页。

④ 同上。

（一）制度理论与博弈理论有着天然的联系

用博弈的视角研究制度问题十分自然，在学术界也非常盛行，经济学家们将制度看作是"博弈的参与人、博弈规则和博弈过程中参与人的均衡策略"。① 大致有两种代表性的观点。一种观点认为制度的生成、实施、变迁过程都由利益博弈决定。日本学者青木昌彦将制度定义为，"制度是关于博弈重复进行的主要方式的共有信念的一个自我维系系统，制度的实质是对均衡博弈的概要表征（信息浓缩），它作为许多可能的表征形式之一起着协调参与人信念的作用"。② 我国学者张宇燕认为，制度是一个社会运转的游戏规则……是人与人之间长期博弈的结构。③ 美国学者 H. 培顿·扬认为，制度"都是一些有理性但又分散和分立的个人在各自不完全信息中随机博弈的结果"。④ 另一种观点认为不仅制度是由利益主体博弈确立，而已经形成的制度又是下一轮制度选择的博弈规则。以诺斯的观点最具有代表性，他认为"制度是社会的游戏（博弈）规则，更规范地说，它们是为决定人们的相互关系而人为设定的一些制约"。⑤ 这两种观点虽然侧重点不同，但都向我们解读了制度理论与博弈理论不可分割的联系，也为我们构建了最具说服力的研究平台，正如李建德所言："面对稀缺，人与人之间既有冲突又要合作，既有对抗又要联盟，既要竞争又要通过谈判。因此博弈论是进行制度分析的恰当工具。"⑥

（二）制度选择过程显示社会需求偏好，是人们之间矛盾和冲突关系的显现

参与者之间的"行为和活动从来都不是孤立的，而是互为条件、互相制约、互相影响的"。⑦ 有相当多的学者认为，制度选择不过是利益主体相互制约、相互冲突和相互妥协的缔约过程，因而其本身具有明显的利

---

① ［日］青木昌彦：《比较制度分析》，周黎安译，上海远东出版社 2001 年版，第 5 页。

② 同上书，第 11—12 页。

③ 王廷惠：《微观规制理论研究——基于对正统理论的批判和将市场作为一个过程的理解》，中国社会科学出版社 2005 年版，第 135 页。

④ ［美］H. 培顿·扬：《个人策略与社会结构：制度的演化理论》，王勇译，上海人民出版社 2004 年版，第 5—6 页。

⑤ ［美］道格拉斯·C. 诺斯：《制度、制度变迁与经济绩效》，刘守英译，上海三联书店 1994 年版，第 3 页。

⑥ 李建德：《经济制度演进大纲》，中国财政经济出版社 2000 年版，第 174 页。

⑦ 张曙光：《制度·主体·行为：传统社会主义经济学反思》，中国财政经济出版社 1999 年版，第 57 页。

益冲突性质。① 博弈论的基本假设是："冲突与合作的结果依赖于所有人所做的选择，每个决策者都企图预测他人可能的抉择，以确定自己的最佳决策。"② 迈尔森认为，"冲突分析"或者"相互影响决策"是描述博弈论更为准确的术语。③ 基于两者本质上的可类比性，可以将制度选择表述为：通过主体间的博弈，使新的制度安排从旧的制度安排中脱颖而出。从博弈的视角切入我国报业制度选择研究，能够更为清晰地呈现各个利益主体之间的复杂关系。在我国报纸产业化进程中，制度选择的"方向、速度、形式、广度、时间路径完全取决于有着特定偏好和利益的行为主体之间的力量对比关系"。④

（三）博弈视角的切入能更准确、更系统地抽象出制度选择的内核，将不重要的细枝末节去掉，使研究更加深入和简练

博弈视角对社会科学最大的贡献在于能"把问题放在忽略掉现实中不重要的细枝末节的一个简化模型中加以考虑"。⑤ 博弈论的提出使参与者之间的行为结构成为研究的重点，即"谁做什么？何时做？掌握哪些信息？"⑥ 报业制度选择研究中博弈理论的引入便于研究者将次要因素排除在研究之外，使重点突出、主干清晰。本书聚焦于报业制度选择参与者行为的分析，旨在阐释影响或决定中国报纸产业化进程基本走势的主要力量有哪些，这些力量之间是如何作用的。通过报业制度选择主体行为的考察能够发现答案。

（四）用博弈视角研究报业制度现阶段还相当匮乏

近年学界已经开始运用博弈视角进行传媒产业制度的分析，相当多的学者意识到博弈理论能够抓住制度问题的本质与规律。如童兵认为"对于中国传媒体制而言，改革正由边缘向腹地进发，目前正处于一个多重利

---

① 柳新元：《利益冲突与制度变迁》，武汉大学出版社2002年版，第24页。

② ［美］戴维·M. 克雷普斯：《博弈论与经济模型·译者序》，邓方译，商务印书馆2006年版，第1页。

③ ［美］罗杰·B. 迈尔森：《博弈论：矛盾冲突分析》，于寅、费剑平译，中国经济出版社2001年版，第1页。

④ 盛洪主编：《中国的过渡经济学》，上海三联书店2006年版，第73页。

⑤ ［美］罗杰·B. 迈尔森：《博弈论：矛盾冲突分析》，于寅、费剑平译，中国经济出版社2001年版，第2页。

⑥ ［美］戴维·M. 克雷普斯：《博弈论与经济模型》（译者序），邓方译，商务印书馆2006年版，第2页。

益格局纠结与博弈的十字路口"。① 刘洁在其博士学位论文中指出,"传媒和政府之间,合作与博弈的双重关系经常交互扭结,呈现极其复杂的状态"。② 周劲提出,"政府力量与市场力量的博弈成为推动中国传媒制度变迁的核心动力"。③ 董天策虽没有使用博弈的提法,但基本表达了这一思想:"报刊总是处在政治组织、经济组织、社会公众三种基本社会力量的'拉力赛'之中。"④ 以上论断无疑是精辟而准确的,给后学者的研究提供了铺垫。值得关注的是,现有研究虽在形式上借鉴博弈的概念,将"冲突与合作"关系进行简单的描述,但并非真正意义上的博弈视角的研究,本书能够弥补这一空白。

博弈论是一种数学的分析工具,近年来它越来越多地应用于社会科学领域,如政治学、法学、社会学等,对于新闻学的研究也有着极为重要的启示。需要说明的是,本书仅将博弈理论的基础概念与基本思想贯穿于制度选择过程中进行逻辑分析,并不涉及具体数理公式的运用。

三 研究对象

本书研究报纸产业化进程中所形成的相关制度,主要是指报业发展过程中为完善企业化管理而形成的相关行为规则的总和,并不涉及审批、出版及采编制度。为了行文方便,简称为报业制度。需要特别说明的是,"报业"一词在学术界尚未达到统一的认识:唐绪军认为"报业"一词是缩略语,将其展开,分别可以形成三种截然不同却又在学界、业界被频频使用的解释:一是报纸事业;二是报纸行业;三是报纸产业。⑤ 他同时强调在1978年前"报业"很少在新闻理论与新闻业务的论著中提及,其含义多指"新闻事业"、"报纸事业";1978—1988年"报业"使用频率增

① 童兵、姜红:《处于市场经济十字路口的中国大众传媒》,《全球化市场化高科化的大众传媒国际研讨会论文》,上海,2003年12月。

② 刘洁:《中国媒介产业化进程中政府行为研究》,博士学位论文,华中科技大学,2006年。

③ 周劲:《转型期中国传媒经济的三角分析框架:以传媒治理结构为例》,《新闻大学》2006年夏季号。

④ 董天策等:《中国报业的产业化运作》,四川人民出版社2002年版,第1页。

⑤ 唐绪军:《报业经济与报业经营》,新华出版社1999年版,第122页。唐绪军对以上三种提法都作以例证,如新闻出版署颁布的《报纸管理暂行规定》中提到:"我国的报纸事业是中国共产党领导的社会主义新闻事业的重要组成部分";1988年成立的中国报协,其全称为"中华全国报纸行业经营管理协会";1992年10月,中国报协向新闻出版署报送的报告为《对报纸产业政策和体制的五项意见》。

多，"报纸事业"与"报纸行业"内涵兼具；1992 年之后"报业"更多被解释为报纸产业。① 本书所用"报业"是特指报纸产业。

本书涉及的报业制度包括两个层面的内容：（1）决定报纸产业化进程的正式制度。这部分制度是由中宣部、新闻出版总署发布的关于报业的经营、管理、产权等方面的规范细则，对报纸产业化的路径、规模、速度、尺度有着严格而清晰的定位。（2）与报纸产业化相关的非正式制度。对报纸产业化进程中曾经发生作用或正在发生作用的一些非正式规制的考察也至关重要，这部分制度同样得到参与主体的默认与支持，有的转化为正式制度，有的被中止，但它们都对报纸产业化发展起到不可忽视的作用。② 将两者结合起来研究并互相印证，能够完整勾画我国报纸产业制度体系。

在制度研究中，制度选择主体具有重要的研究价值和意义。从哲学角度上思考，主体对制度的作用是主体选择制度、主体改造制度、主体设计制度；从经济学角度思考，制度选择的逻辑是：人—供求—实践—制度—增长—发展。③ 可以看出制度选择的起点是人，即选择的主体作用最为根本。正如有学者所言："更为关键的是我们要看到是谁在选择，他为什么这么选择以及在什么规则下进行选择。"④ 制度选择问题的本质就是对制度选择主体的研究，报纸产业制度也不例外。

对报业制度选择主体的界定非常重要，要搞清楚到底有哪些行为主体在报纸产业化进程中扮演了重要的角色，是他们的利益博弈促使了今天报纸产业制度的形成与深化。在综合相关理论基础上，结合我国报业特征，本书界定政府、报业、资本以及受众为报业制度的选择主体，围绕四方展开的博弈格局、博弈行为将是本书研究的基本范畴。

根据制度学派的观点，个人、企业、政府是影响制度生成的三个基本的行为主体，整个制度经济学的研究系统建立在个人、企业、政府间的关

---

① 唐绪军：《报业经济与报业经营》，新华出版社 1999 年版，第 122 页。

② 德国制度经济学学者柯武刚和史漫飞认为从本质上来讲制度就分为两个层面：一是直接凭借外部权威，它靠指示和指令来计划和建立秩序以实现一个共同目标，即正式制度；二是间接地以自发自愿的方式进行，各种主体都服从共同承认的制度，即内部制度。本书对报业制度界定基本按照这两个层次进行划分。

③ 杨俊一：《制度哲学导论——制度变迁与社会发展》，上海大学出版社 2005 年版，第 41 页。

④ 张宇燕：《经济发展与制度选择》，中国人民大学出版社 1992 年版，第 63 页。

系之上，将这几个行为主体推演到报纸产业制度分析中就可以轻松界定报
业制度选择中的行为主体。政府是最重要的制度选择主体，无论我国报业
选择什么样的变革方式，渐进式性的抑或是激进式的，政府的作用都不可
忽视，它贯穿制度选择的始终。企业这一主体，在报业制度的选择过程中
转化为报社和资本两个部分，这是由我国传媒的特殊属性所决定。"事业
单位，企业化管理"一直是报社的标准定位。在报业制度选择中报社无
疑对制度的推进有着不可或缺的责任，在大多数的情况下，报社都是报业
制度的直接承担者和推动者。"双重属性"决定"资本"对于我国报业发
展有着不同的含义，难以与"报社"完全融为一体。由于我国传媒属性
的特殊，报纸产业化发展意味着报社企业属性的增加，但传媒的双重属性
在短期内也不能改变，这就决定了资本特别是业外资本作为外力对制度安
排的推动作用。资本的纯企业性质并挟 WTO 原则对于我国报业市场产生
巨大的"进入压力"，使原有的博弈格局发生改变。其根本性在于，原有
的封闭式的博弈也将走向全球化的语境，报业制度博弈格局也将"对外
开放"。报业制度选择中的受众作用，在过去很长时间内被忽视，这是由
我国强调媒介组织属性与宣传功能所造成的"传者本位"决定，但随着
报纸产业化的发展，报社自主性的增加，受众参与在未来报业制度选择中
作用力逐渐彰显。

第四节　概念的界定

一　制度

对于什么是制度，制度经济学家有不同的解释。早期制度经济学的代
表人物康芒斯把制度解释为"集体行动控制个人行动"。[①] 舒尔茨将制度
定义为一种行为规范，这些规范涉及社会、政治及经济行为。他认为，制
度是某些服务的供给者，它们应经济增长的需求而产生。[②] 凡勃伦提道：

---

① ［美］康芒斯：《制度经济学》，于树生译，商务印书馆 1965 年版，第 7 页。
② ［美］T. W. 舒尔茨：《制度与人的经济价值的不断提高》，《美国农业经济学杂志》1968
年第 50 期。

"制度实质上就是个人和社会对有关的某些关系或某些作用的一般生活习惯。"① 诺斯则将制度定义为一系列被制定出来的规则、守法程序和行为的道德伦理规范，它主旨在约束追求主体福利或效用最大化利益的个人行为。② 劳茨比认为制度提供了普遍和稳定的行为规则，能够起到降低搜寻、谈判和监督等交易成本、创造合作条件和提供激励机制的作用，实际也能减少不确定性。③ 布罗姆利将制度看作是"影响人们经济生活的权利和义务的集合。这些权利和义务有些是无条件的，不依靠任何契约。另一些是通过建立契约自动获得的"。④ 林毅夫认为："制度是可以定义为社会中个人所遵循的行为规则。"⑤ 卢现祥将制度定义为："是社会的游戏规则，是人们创造的、用以约束人们相互交流行为的框架。"⑥ 李建德认为，制度是人类社会中的共同信息。只有经过社会化的过程，个人才能获得这些信息，并把社会的共同信息内化为各个人的行为规则。⑦ 社会学从不同于制度经济学的视角来看待制度，强调的是制度在社会结构中的作用，认为"制度是一连串设计以迎合某种社会需求的角色和地位"。⑧

制度的定义不胜枚举，但上述列举已将制度这一概念最显著的内涵表达出来，大致包括三层含义：一是它是一种规则，强制性要求人们遵守或服从；二是它具有一定的稳定性，经过长时间形成，很难随意更改；三是个体互动的结果⑨，在人们的交往中不可或缺。

制度的分类标准主要有两种：一种以诺斯的分类为代表，认为"制

---

① ［美］凡勃伦：《有闲阶级论——关于制度的经济研究》，蔡受百译，商务出版社1964年版，第139页。

② ［美］道格拉斯·C. 诺斯：《经济史中的结构与变迁》，陈郁译，上海三联书店1991年版，第225页。

③ 转引自王廷惠《微观规制理论研究——基于对正统理论的批判和将市场作为一个过程的理解》，中国社会科学出版社2005年版，第133页。

④ ［美］D. W. 布罗姆利：《经济利益与经济制度》，陈郁等译，上海三联书店2006年版，第49页。

⑤ 林毅夫：《制度变迁的经济学分析：诱致性与强制性变迁》，《现代制度经济学》（下），北京大学出版社2003年版，第254页。

⑥ 卢现祥：《西方新制度经济学》，中国发展出版社2003年版，第36页。

⑦ 李建德：《经济制度演进大纲》，中国财政经济出版社2000年版，第142页。

⑧ 彭怀因编译：《社会学的基石：重要概念与解释》，风云论坛出版社1993年版，第15页。

⑨ 彭海滨在《公平竞争的制度选择》一文中提到：只有个人，才有目标和利益的追求，社会系统及其变迁都源于个人行为。因而制度是个体互动的一种结果，不管是出于战略设计还是自我利益最大化，都假设个人行为先于制度。这里的个人，也指政治经济生活中的各个利益集团。

度是由非正式约束（道德的约束、禁忌、习惯、传统和行为准则）和正式的法规（宪法、法令、产权）组成"；① 另一种以柯武刚和史漫飞的分类为代表，将制度划分为外在制度与内在制度，认为外在制度是外在设计出来并靠整治行动由上面强加于社会的规则，而内在制度是群体内随经验而演化的规则。② 这两种分类本质雷同，可以用正式制度与非正式制度的提法将两种分类标准整合起来。

二 制度选择

制度选择是经济增长、社会发展中的重要问题。正如有学者所言："制度的选择与实施能力对于我们经济发展的影响尤为突出。"③ 选择是指"从自身的需要和知识结构、经验、技能出发，根据历史的客观条件和发展规律，确定自己行为的方式和方向的活动"。④ 制度选择，即选择制度，是指个人或利益集团的选择行为决定了制度安排。杨瑞龙认为制度选择是指制度创新主体在既定效用函数和约束条件下所期望实现的未来制度安排。⑤ 制度选择是怎样产生的？当现行制度安排的净收益小于另一种可供选择的制度安排时，制度选择主体为了捕捉这个营利机会，试图改变原有的制度安排并建立一种新的更有效的制度，这一完整的过程就是制度选择。制度选择的核心点是选择主体，因为任何选择行为都是由主体发出的。制度这一概念似乎天然就包含着选择的命题，"选择什么、如何选择都是问题。历史上的种种制度，并不能否认这样一个事实，所有的制度安排都可以解释为选择的结果"。⑥ 现实制度是选择过程的幸存者，是选择竞争的结果，是有效率交易方式取胜于其他低效甚至无效交易方式过程的结果，是无数次试错过程的结果。⑦ 在新制度经济学中很难找到关于制度选择的专门论述，学术界对这一概念的阐释往往借助于制度变迁理论，制

---

① ［美］道格拉斯·C. 诺斯：《制度、制度变迁与经济绩效》，刘守英译，上海三联书店1994年版，第3页。

② ［德］柯武刚、史漫飞：《制度经济学》，韩朝华译，商务印书馆2001年版，第119页。

③ ［美］道格拉斯·C. 诺斯：《制度、制度变迁与经济绩效》（译者的话），刘守英译，上海三联书店1994年版，第2页。

④ 宋一夫：《二重结构理论·序言》，中国社会科学出版社2006年版，第1页。

⑤ 杨瑞龙：《论我国制度变迁方式与制度选择目标的冲突与协调》，《经济研究》1994年第5期。

⑥ 彭海斌：《公平竞争制度选择》，商务印书馆2006年版，第3页。

⑦ 王廷惠：《微观规制理论研究——基于对正统理论的批判和将市场作为一个过程的理解》，中国社会科学出版社2005年版，第150页。

度变迁决定了制度选择的结果，制度选择行为本身就是一次制度变迁。制度变迁即制度的改变，制度的创新、变革、演化都属于制度变迁的范畴。制度选择是建立在制度变迁的基础上，只有制度有变迁的可能，选择才有进行的余地，两者是不可分割的。因而，制度选择也可定义为：主体在制度变迁过程中对未来所要遵循的规制的确立。

在本书中，我们有意选用了制度选择的表述而没有使用制度经济学最为人所熟识的制度变迁理论，是基于两种理论研究重点间的差异，制度选择理论与本书提出的问题更为贴近。制度变迁是"制度创立、变更随着时间变化而被打破的方式"①，强调一种效益更高的制度对原有制度的改进、替代、变革的行为过程，而制度选择偏重于对制度变迁中选择主体行为的考察，研究的焦点是制度由原有非均衡状态向新的均衡状态演进过程中的主体作用力，即哪些人或团体推动了这种新制度的生成。

三 博弈

博弈论（game theory）又称对策论。20 世纪初，冯·诺依曼和摩根斯坦恩合著的《博弈论和经济行为》一书奠定了博弈论的基础，纳什、泽尔腾、海萨尼等人使博弈论成熟并进入实用。近 20 年来，博弈论作为分析和解决冲突和合作的工具，在管理科学、政治学、社会学、经济学领域得到广泛的应用。博弈论首先是一种研究决策者行为的方法，而不仅仅是一种数理推算或模型建构。博弈论的概念清楚而明确，最具代表性的有："博弈论是研究理性的经济个体在相互交往中战略选择问题的理论，博弈分析的关键步骤是找出别人选择既定的情况下自己的最优反应战略。"②"博弈论可以被看作是决策理论（对两个或两个以上决策者情形）的一种推广，或者作为决策理论在本质上的逻辑完备。因此，要理解博弈论的根本思想，就应该从研究决策理论开始。"③"在现实经济中，由于受到有限理性、信息不完备性和交易费用的制约，每一个决策主体包括个人、企业、政府和其他社会组织都不可能准确知道未来并采取最佳行为，

---

① ［美］道格拉斯·C. 诺斯：《经济史中的结构与变迁》，陈郁等译，上海三联书店1991年版，第225页。

② ［美］罗杰·A. 麦凯恩：《博弈论——战略分析入门》，原毅军等译，机械工业出版社2006年版，第2页。

③ ［美］罗杰·B. 迈尔森：《博弈论：矛盾冲突分析》，于寅、费剑平译，中国经济出版社2001年版，第4页。

而只能依据自己对未来发展趋势以及竞争对手可能采取的对策的预测独立地进行决策。"① "博弈论研究决策主体的行为发生直接相互作用时候的决策以及这种决策均衡问题。它所研究的是一个主体，比如一个人、一个企业或组织的选择受到其他人、其他企业或组织选择的影响，并且反过来又影响其他人、其他企业或组织选择时候的决策问题和均衡问题。"② 从这些相类似的定义中可以看到，研究"主体间的决策"是博弈论最根本的主题。

一个博弈中包括下列要素：参与人（player）、行动（actions）、信息（information）、策略（strategies）、支付（payoffs）、结果（outcomes）和均衡（equilibria）。③ 对一个博弈的描述必须包括参与人，即博弈中的决策主体，通过选择行为（或战略）以最大化自己的支付水平，参与人可以是自然人，也可以是团体，如企业、政府等；策略，即参与人给定信息集的情况下的行动规则，它规定参与人应该在什么条件下选择什么样的行动；支付，即参与人从博弈中获得的利益水平，它是所有参与人策略或行为的函数；均衡，即所有参与人的最优策略或行动的组合。④

根据博弈结构中不同的要素，可以将博弈分为三类：（1）按照参与人的先后顺序分为静态博弈和动态博弈；（2）根据博弈参与人的数量，可以分为单方博弈、两方博弈和多方博弈；（3）按照参与人对其他参与人的了解程度分为完全信息博弈和不完全信息博弈。博弈理论包括两个部分：合作博弈理论和非合作博弈理论。二者的区别是：参与非合作博弈的参与者利用一切可能的机会，最大限度地获取个人利益。虽然他们可能合作，但这样做的前提是合作必须符合所有参与者的利益。合作博弈理论讨论群体（或联合体）利益怎样实现。⑤ 无论是合作博弈还是非合作博弈，其分析目的都是"找出参与者之间稳定的、可预测的互动行为模式"。⑥

① 罗必良：《新制度经济学》，山西经济出版社2005年版，第9页。

② 国彦兵：《新制度经济学》，立信会计出版社2006年版，第60页。

③ ［美］艾里克·拉斯缪森：《博弈与信息》，王晖等译，北京大学出版社2005年版，第4页。

④ 张维迎：《博弈论与信息经济学》，上海人民出版社2004年版，第26—30页。

⑤ ［美］戴维·M. 克雷普斯：《博弈论与经济模型》，邓方译，商务印书馆2006年版，第11页。

⑥ ［美］罗杰·B. 迈尔森：《博弈论：矛盾冲突分析》，于寅、费剑平译，中国经济出版社2001年版，第30页。

总之，博弈论的出现最大的贡献在于"以策略型模型为基础，提供了模拟和分析动态性竞争互动的技术手段"，① 便于研究者把握复杂问题的核心要素。

四 报纸产业化

报纸产业与其他产业相比具有特殊性。什么是产业？郑林认为"产业是泛指现代经济生活中从事生产或作业的各行业、各部门以及企业和私人服务单位的集合"。② 金碚认为，产业是指生产同一类产品（或提供同类服务）的生产者（厂商）的集合。③ 史忠良提出"产业是国民经济中按照一定社会分工原则为满足社会某种需要而划分的从事产品和劳务生产及经营的各个部门，它包括国民经济的各个行业，大至部门，小至行业，从生产到流通、服务以至文化教育等各行各业都称为产业"。④ 宋毅将产业概括为社会生产劳动的基本组织结构体系。⑤ 以上各个学者虽然对产业的界定各不相同，但无论从哪一个角度来测量，报业都具有产业属性。在实践中，报纸产业身份也逐步得到确认。1992 年，中共中央发布《关于加速第三产业的决定》，正式将"报刊经营管理"列入第三产业；1998年，中共哈尔滨市委明确将《哈尔滨日报》转制为企业；2001 年，中国证监会发布的《上市公司行业分类指引》中，将传播与文化定位为上市公司 13 个基本门类之一，这一系列的举动标志着报纸产业身份的正式确立。正如梁衡所言："报业已经由过去国家花钱养的一个行业变成向国家上缴税利的支柱产业。国家对于报业的要求，不只是政治宣传方面的社会效益，还要求其有足够的经济效益，它已成为国家经济繁荣的一部分。"⑥但即便如此，报纸是否为产业在学术界还存在争议，这是因为：

（一）双重属性建构特殊产业属性

报业兼具意识形态属性和商品属性，两种身份的纠结缠绕使报纸产业化历程充满了曲折和不确定。直至今天，报业在推进产业化过程中还受到制约和限制。黄升民认为，"媒介的商业性质仍不完全，仍然处于向企业

---

① ［美］戴维·M. 克雷普斯：《博弈论与经济模型》，邓方译，商务印书馆 2006 年版，第41、45 页。

② 郑林：《产业经济学》，河南人民出版社 1992 年版，第 3 页。

③ 金碚：《产业组织经济学》，经济管理出版社 1999 年版，第 2 页。

④ 史忠良：《产业经济学》，经济管理出版社 2003 年版，第 1 页。

⑤ 宋毅、张红：《产业发生学引论》，中国社会科学出版社 1993 年版，第 65 页。

⑥ 梁衡：《中国报业五十年》，《报刊管理》1999 年第 4 期。

过渡的阶段，所以不能称为产业，而是叫作媒介产业化"；[①] 张辉锋也有相似的论述，"中国传媒业整体上不是产业"[②]，因此我们对报业的理解必须考虑到它演化路径并不像其他行业那样顺畅平滑，从边缘到核心的渐进式突破构成其主要特征。

（二）报纸产业化是一个正在进行的动态过程

我国报纸产业是从事业向企业的不断演进而来，是一个政府管制逐渐弱化与报社自主性逐渐强化的发展历程，是报业"基本保持其原有的所有制、政治立场、编辑方针的前提下以市场经营的方式取得其经济自立的过程"；[③] 是"从单纯的文化、精神生产事业的媒介单位沿着经营和理性的轨迹向企业状态过渡的一种过程"。[④] 因此，将报业看作一个逐步发展、不断完善的动态过程进行研究，才能抓住其本质及规律。

基于以上两点认知，我们将报业发展更多看作是一个产业化进程，或产业化历程，与完全意义上的产业有所区别。

第五节　文献综述

一　传媒产业制度变迁路径

在 1978 年之前，对媒介的属性认知较为单一：新闻事业属于上层建筑的范畴，新闻体制沿袭延安时期新闻模式和苏联 20 世纪 30 年代（斯大林时期）新闻模式。其特点是单一党报体系，高度集权调控，突出宣传功能、经费和发行国家包干。[⑤] 我国的新闻改革有着阶段化发展的取向，[⑥] 每个阶段有着不同的发展主题。潘忠党认为，进入 90 年代后，新闻改革的基本特点在于新闻媒介组织和新闻从业人员被卷进了一个起步中的市场

① 黄升民、丁俊杰：《国际背景下中国媒介产业化透视》，企业管理出版社 1999 年版，第234 页。

② 张辉锋：《传媒经济学》，南方日报出版社 2006 年版，第 27 页。

③ 陈怀林：《论中国报业市场化的非均衡发展》，《新闻与传播研究》1996 年第 2 期。

④ 韩文根：《WTO 与中国广告业》，载乔均等主编《中国广告行业竞争力研究》，西南财经大学出版社 2002 年版，第 262 页。

⑤ 童兵：《主体与喉舌：共和国新闻传播》，河南人民出版社 1994 年版，第 197 页。

⑥ 李良荣：《新闻学概论》，复旦大学出版社 2001 年版，第 294 页。

经济。财政负担对于政府与媒介双方而言是走向市场的直接动因。① 一方面是政府不堪财政重负，把传媒推向市场；另一方面是传媒怀抱金山而不能开掘，自己想走向市场，这个时候，解决矛盾的方法就十分明了——改革，把传媒从经营上推向市场。② 钱蔚将媒介最初走向市场形容为"上面甩包袱，下面要政策"的结果。③

我国媒体属性导致传媒产业制度演变的特殊轨迹。报社在实施经营管理改革的行为方面采取了几乎是亦步亦趋的仿效、移植中国国有企业改革行为的方式，只是在时间进程上有所滞后。④ 而企业事业的双重属性决定了在媒介产业制度安排上，政治和经济两股力量经常处于一种争夺之中，呈现"拔河赛"式势态。⑤ 双轨制痕迹使目前大多数媒体在行政机关和产业、计划经济体制与市场经济体制的多重挤压中间喘息，虽然经济运行环境的现实逼迫它们面向市场，但市场的游戏规则却是行政命令条文。⑥ 胡正荣将其总结为"一元制度，二元运行"（One System Two Operation）的媒介体制。⑦ "二元"在媒介产业化进程中却难以交融，导致"显规则"与"潜规则"并行。对于传媒业的宏观调控往往在基层组织落实中出现"失真"。国家主管部门对于传媒业的实际发展在宏观上常常缺乏研究和准备，因此很难使调控手段跟上传媒业实际发展的现实步伐；⑧ 而在媒介文件口头上坚决贯彻中央政策，背后却为自己谋福利，在信息反馈时一味迎合上层意志，报喜不报忧，传达符合上级意向但不符合实际情况的信息。⑨

在双轨制的现状下，媒介产业改革遵循"边缘突破"⑩的运行轨迹。

---

① 潘忠党：《大陆新闻改革过程中象征资源之替换形态》，《新闻学研究》1997 年第 54 期。

② 孙旭培：《当代中国新闻改革》，人民出版社 2004 年版，第 51 页。

③ 钱蔚：《政治、市场与电视制度——中国电视制度变迁研究》，河南人民出版社 2002 年版，第 69 页。

④ 屠忠俊：《中国报业集团运行环境刍议》，《新闻与传播研究》1997 年第 4 期。

⑤ 何舟、陈怀林：《中国传媒新论》，太平洋世纪出版有限公司 1998 年版，第 72 页。

⑥ 马世昌：《全球化背景下的中国媒体经营战略》，《河北学刊》2006 年第 1 期。

⑦ 胡正荣：《媒介寻租、产业整合与媒介资本化过程》，《世界经理人》2004 年第 8 期。

⑧ 黄玉波、戴文君：《我国传媒制度变迁中的"潜规则"现象》，《传媒》2005 年第 10 期。

⑨ 石义彬、周劲：《我国传媒治理结构的理论渊源与创新》，《武汉大学学报》2005 年第 3 期。

⑩ 潘忠党：《新闻改革与新闻体制的改造——我国新闻改革实践的传播社会学之探讨》，《新闻与传播研究》1997 年第 3 期；张志安：《浅析报业经营改革中的四次边缘突破》，《新闻大学》2003 年春季号。

创新集团（媒介）在评估预期收入大于预期成本的情况下，自主采取创新措施，报业经营制度改革路径依循边际调整原则，就是从某一制度安排的"边际"，即不均衡最严重、获利可能性最大、最易于推行和展开、成本和阻力最小的那一处开始，而且制度变迁的进程也只是推进到边际成本与边际收益相等那一点为止。① 李兆丰认为传媒集团化是一次被迫应对的新形势下的新闻改革，是中国新闻媒介发展第一次有了相对清晰的目标模式的完整设计。传媒集团化标志着自改革开放以来的新闻改革"边缘突破"路径的终结。②

二　传媒产业制度选择主体

诸多学者考察了政府与媒介在传媒产业制度变迁中的作用与位置，其间对制度经济学多有借鉴。陈怀林认为，在封闭的竞争环境中，传媒制度创新是自下而上、上下合谋。而传媒高科技的发展及加入 WTO，来自外部的影响也许是传媒制度改革进一步深化的新的推动力。③ 吴高福、唐海江依据哈耶克社会秩序二元观理论，认为中国新闻体制的演进有两条主线，一方面，媒介当事人在遵守内部规则的前提下自主行动，通过当事人的互动和当事人与规则的互动形成一种自发的"合作的扩展秩序"，在此可以说是媒介市场秩序；另一方面，政府权力部门为了自身利益，通过政治行为实施外部规则，形成一种外生制度的外生秩序。④ 陈戈、储小平提供了一个解释中国现代报业发展变迁的"两阶段论"：第一阶段即政府主导、以经营分配环节为制度变迁突破口的"财政成本拉动型"的强制性企业化；第二阶段是指报社主导、政府规制，以采编运作环节为制度变迁突破口的"市场利益推动型"诱致性市场化。⑤ 周劲则提供了"四阶段论"：一是政府主导、以经营分配环节为突破口的"财政成本拉动型"的企业化阶段；二是由下而上、以新闻采编环节为突破口的"经济效益推

---

① 张裕亮：《大陆报业经营制度改革——制度变迁理论的观点》，《中国大陆研究》2004 年第 45 卷第 6 期。

② 李兆丰：《新闻改革：超越边缘突破——中国传媒集团化进程的制度分析》，《南方电视学刊》2003 年第 2 期。

③ 陈怀林：《论中国报业市场化的非均衡发展》，《新闻与传播研究》1996 年第 3 期。

④ 吴高福、唐海江：《路径意识与新闻体制改革的演进论》，《湖南大学学报》2003 年第 1期。

⑤ 陈戈、储小平：《当代中国报业制度变迁的一个理论假说》，《经济社会体制比较》2006 年第 2 期。

动型"的市场化阶段；三是创新集团推动、以产业组织环节为突破口的"行政力量控制型"的产业化阶段；四是上下合谋、以培育市场主体为突破口的"政治与资本合作型"的资本化阶段。①

　　政府与媒介关系的考察仍然是当下及未来一段时间传媒产业深化改革的焦点与难点。童清艳认为，传媒与政府之间该建立何种张力结构的选择是突破传媒产业困境的关键。② 金冠军、冯光华认为，以企业化为前提和以产权与资本市场体制变革为核心的当代中国大众传媒历史性转型，其关键是党和政府对大众传媒领导体制的变革。③ 王钧认为，资本投入是以现代产权制度的保障为前提的，现代产权制度要求产权"归属清晰、权责明确、保护严格、流转顺畅"。但传媒领域"行政大于产权"的情况还时有发生，对社会资本投入的保护不够，"政策风险"仍然是影响资本进入的首要风险。④ 周鸿铎认为，在媒介政策方面存在"非科学化决策的怪圈"，其原因是决策者不必为决策损失负任何责任。⑤ 诸多学者提出对策性建议。赵丽颖认为媒介工具可以用来反映意识形态，但不等于说媒介工具就是意识形态本身，对于这一观念的澄清是媒介产业化改革走向深入的首要问题与前提条件。⑥ 刘洁、金秋认为必须不断突破传统报业体制下形成的政府行为运行机制，逐步将政府行为纳入到适应报业市场化变革中。⑦ 黄玉波认为，通过政策合法化并进而法律化，中国传媒产业从政策调控为主到法律规制为主，是市场经济条件下传媒产业规制手段科学化的必然选择。⑧

三　与传媒产业制度相关的专门研究

　　笔者主要考察了与传媒产业制度相关的博士学位论文共 11 篇。⑨ 其时间分布均在 2001 年以后，作者所在学科除新闻传播学以外，还有公共

　　① 周劲：《转型期中国传媒制度变迁的经济学分析》，《现代传播》2005 年第 1 期。

　　② 童清艳：《对当代中国传媒产业困境的思考》，《新闻记者》2004 年第 12 期。

　　③ 金冠军、冯光华：《中国传媒产业的政策解读与未来转型》，《视听界》2005 年第 5 期。

　　④ 王钧：《我国电视媒体产业化与管理创新》，《电视研究》2004 年第 6 期。

　　⑤ 周鸿铎：《科学把握中国媒介的基本走势》，《今传媒》2006 年第 3 期。

　　⑥ 赵丽颖：《走出中国媒介产业发展的三个误区》，《当代传播》2003 年第 2 期。

　　⑦ 刘洁、金秋：《论我国报业市场化进程中政府行为的双重属性》，《新闻与传播研究》2001 年第 2 期。

　　⑧ 黄玉波：《中国传媒产业政府规制改革研究》，博士学位论文，武汉大学，2006 年。

　　⑨ 此数字系笔者从 CNKI 的博、硕士论文数据库以及国家图书馆学位论文数据库检索，加之平日收集所得，数据可能不完整，但能够反映出博士论文涉及该主题的状况。

管理、企业管理、产业经济学。2001 年，北京大学钱蔚的博士学位论文《政治、市场与电视制度——中国电视制度变迁研究》，认为政治与市场的互动影响着中国电视制度变迁……在总体上体现出政府的政治控制特点。2002 年，四川大学向东的博士学位论文《中国媒体产业创新论》认为，国有媒体的真正所有者——公众所有者不能行使财产所有权，不能影响、选择和监督这个体系中的任何一个层级。而宣传部门和政府部门与媒体的实际经营者（电视台长、报社社长等）之间也没有形成现代企业制度中基于现代产权制度之上的委托—代理关系。2003 年，中国人民大学张志的博士学位论文《中国广播事业政府规制改革研究》认为，我国广电事业的系统进化和广电体制改革的深化，提出了制度创新的客观要求，这意味着选择现代政府规制制度的必要条件已经具备。2003 年，复旦大学林晖的博士学位论文《当代中国新闻媒介的整合与改革》提出，媒介改革围绕政府宣传需要、媒介赢利需要、社会信息需要三者的协调而进行。中国媒介改革采取的是渐进式改革，路径选择采取类似的"自下而上、由易到难、循序渐进"，最大的不同是，由于媒介强烈的意识形态属性，中国媒介改革严格限定在原有体制框架内，绝不允许体制外的"增量"。2004 年，武汉大学强月新的博士学位论文《我国传媒市场运行机制研究》认为，我国传媒产业要想突破现阶段发展的"瓶颈"，传媒市场要想真正规范，最需要解决的问题之一就是传媒机构所有权、支配权和经营权三权分离的问题，只有这样，传媒的市场法人地位才能真正解决，规范的传媒市场才能逐步形成。2004 年，中国传媒大学张锐的博士学位论文《我国电视业制度变迁中的路径选择研究》认为，我国的电视业转型是通过国家实施行政命令和文件法规来推行的，是一种"强制性制度变迁"，其中的一个显著特征是权力中心成为改革的倡导者和组织者，权力中心的制度供给能力和意愿是决定制度变迁方向、形式的主导因素。2004 年复旦大学陶志峰的博士学位论文《中国报业规制问题研究》通过对报业的实践和理论的分析，得出报业的规制主要是基于社会性规制的考虑，要放松进入规制，加强规制的法律手段和制度保障，保持报业的相对独立性。2005 年华中科技大学刘洁的博士学位论文《中国媒介产业化的政府行为研究》认为，在媒介产业化进程中政府行为具有双重属性。从政府行为的主体属性来看，政府控制行为的相对弱化是媒介市场化的根本动因；媒介市场化要求改变政府行为角色定位，改变政府行为空间和行为方式。地方政府和媒介产业的关系，是一种新型的政企合一制，是市场和计划都不完全情况下的过渡性行为方式。2005 年暨南大学王桂科的博士学位论文《我国媒介业的产业视角分析》认为，我国媒介业向市场经济制度转变的过程其实是渐进式的微观制度变迁和"帕累托改进"的进程，也存在诱致性制度变迁和强制性制度变迁。目前，我国媒介产业微观组织仍然是事业单位体制，存在产业组织制度缺失的问题。2005 年复旦大学巢立明的博士学位论文《中国广播电视产业核心竞争力研究》认为，政府必须从对传媒的全面管理转向逐渐退出，变为传媒市场主要由企业来充当主体。我国有关广播电视业的政策、法规、规章和文件与 WTO 对中国广播电视产业政策的要求还存在矛盾。

总之，现有研究存在以下三点不足：第一，研究过程中感性的内容太多，运用制度经济学及相关理论进行严密逻辑构建的研究成果还相当匮乏。第二，研究的视角狭窄，研究的多样性、立体性受限。大部分的研究成果是从政府行为作为研究的切入口，研究我国传媒产业制度变迁路径和变迁特点的视角过于单一，结论趋于一致，没有将媒介制度的复杂程度描述和解释出来。第三，过多地关注传媒产业制度变迁历史轨迹的论述，对于制度选择主体的研究不够深入和透彻，资本和受众是我国目前传媒体制改革中的重要力量，却鲜有研究者关注。

第六节　研究方法、创新与难点

一　研究方法

（一）文献分析法

文献分析法主要指搜集、鉴别、梳理出版或尚未出版过的资料，形成学理性和规律性的认知。本书所用文献，大部分是国内外公开发表的关于传媒产业制度的专著、期刊、论文、报纸杂志的相关报道、政府部门相关的出版品等，通过对这些资料长时间动态的整理和研究，能进一步了解报业制度选择各阶段的宏观背景和内在动机。本书在收集整理相关文献资料时，充分注意了所引内容的真实可靠性，为了使文献分析法所获得的资料更具信度，特将同一时期不同刊物的文本进行相互印证、对照后再作分析，以弥补文献分析的研究限制。

（二）历史分析方法

每一个制度形成、发展、断裂到重新选择都有自己的历史。诺斯教授曾在《经济史中的结构与变迁》一书的中译本序中提出："历史表明，人们过去作出的选择决定了其现在可能的选择。"① 英国哲学家罗素也说过："在分析问题中，最好的方法是从结果开始，然后及于前提。"② 因此，本书选用历史分析方法考察中国报业制度选择过程中内在动力机制无疑是恰当的。本书将这些报业制度放在历史的语境中进行解释，深入把握制度选择的各个关键节点，有助于原生态地呈现制度选择的本质。在写作过程中，虽远不能再现历史的真实样态，只希望管中窥豹，以见一斑，最大可能地还原制度选择的脉络。

（三）个案分析法

个案研究是指针对特别的个体进行观察、测量、访谈，并在对其问题前因后果全面了解的基础上做深入剖析。简单而言，个案研究是对某一个单独事件或个体做缜密的研究，彻底了解其现状及发展历程，并在此基础上抽象出其发生发展的规律，个案研究的意义在于这些个案研究结论可以推广到其他领域，获得学术增量。本书针对几个具体制度出台过程进行个案分析，仔细考察样本的内涵与意义，以期从中寻找出不同时期报业制度选择的共性及特性。

二 研究创新

运用博弈视角，结合新制度经济学的基本理论，以报业制度选择主体为研究对象进行学理分析，本书在以下三个方面有所创新：

（一）报业制度选择模型的构建

根据我国报业发展的复杂态势，构建其制度选择的博弈模式。用历史和逻辑两条线索阐述各个时期制度选择行为的特征和本质。动态视角的采用，可以充分考察报业制度变革的内部动因和外部压力。

（二）博弈视角的介入赋予报业制度选择新的解释力

从制度选择主体入手，分析我国各个时期制度选择主体的交互行为，勾画并验证报业制度选择基点、模式、路径、本质。博弈视角具有较其他

---

① ［美］道格拉斯·C.诺斯：《经济史中的结构与变迁》（中译本序），陈郁等译，上海三联书店1991年版，第3页。

② ［英］艾兰·乌德：《罗素哲学：关于其发展之研究》，http：//www.tianyabook.com/zhexue/myzx/020.htm。

视角更深入化、更微观化的特征，便于将制度选择行为还原到最基本、最细致的理论层进行解读。

（三）对于在特定环境、特定时间段内的博弈方给予关注，构建稳定合理的制度选择格局

试图厘清博弈方在制度选择的各个阶段扮演的角色，以及他们对制度安排的推动作用；在传统的政府和媒体两方互动的分析模式之外，本书将资本作为制度选择主体考察，政府、报社面对此博弈主体采用了与前不同的博弈策略和博弈方式；受众作为新博弈方的引入也是本书的创新，作为长期被忽视的制度参与方，受众的力量将随着"市民社会"的崛起而日渐显现。

三　研究难点

基于博弈的视角来研究报业制度在学术界还相当新颖，可借鉴的资料有限，这也给本书带来诸多操作上的困难，总结起来，有以下几点：

（1）本书选用博弈的视角来研究报业制度，将新制度经济学与博弈论两个虽相互关联，但都有各自独立体系的理论框架紧密融合并非易事。

（2）中国报业制度变迁的复杂程度是罕见的，预示着制度选择主体目标策略的多元特征和多重取向，这给博弈模型的确立带来一定的难度。

（3）本书有一条重要的历史主线，需要有丰富的史料做基础，特别是关于制度出台背景的某些一手资料的获取存在相当大的困难。

第二章　中国报业制度选择的理论框架

从新中国成立初期至今，报纸产业化经过多元交错的运行轨迹，在每一个阶段都呈现出不同的主题。在发展取向的前提下，我国报业制度遵循默察—扩散的渐进式路径，经过多次反复博弈、理性判断完成。报业制度的不均衡促使报业制度有选择地发生，而博弈均衡的前提是博弈主体利益的实现。报业制度选择中，不断有新的博弈主体加入，报社、政府的两方博弈转化为报社、资本、政府的三方博弈。受众作为新的博弈主体参与到未来报业制度选择中，能够促使报业向良性方向发展。

第一节　报业制度变迁的主题转化

报业制度选择过程中，每一个阶段都有独特的议题。1949 年新中国成立后到1978 年，报业原有的活力和自主性被禁锢，产业制度的调整纳入到有计划的事业单位体制安排中，"收编与消解"较准确地形容了这一时期制度选择的方向；1978 年 8 家报纸提出"事业单位、企业化管理"，标志着我国封冻了近 30 年的报业恢复和放开，一系列扶植性政策出台，强化了报纸产业化的动力。特别是 1992 年随着邓小平南方讲话，市场经济大环境确立，给报业带来新的选择空间；世纪之交，在加入 WTO 的背景下，我国报纸产业化触摸到核心和敏感的领域，突破与改制成为最热门的话题。

一　收编与消解

收编与消解是 1949—1978 年报业制度变迁的特点。1949—1956 年，报纸产业化曾昙花一现。随着 1956 年社会主义改造完成，报社经营活动在统一计划下运作，服务新闻宣传是其唯一目标。广告萎缩，发行全面交邮局代理，多种经营主动放弃。许多学者认为，这一阶段是中国报纸产业化的萌芽和开端，但结合报业发展的全局，就会发现这是对我国报纸产业有意识、有计划地"收编"，目的是将新中国成立初期多元报纸格局纳入一个统一的体制下进行规制。1949 年 12 月，全国第一次报纸经理会议提出"条件好的公营报纸争取自给"、"多登有益广告"，报纸逐步交邮局发行等一系列经营举措。1950 年 3 月，中宣部发出《关于报纸实行企业化经营情况通报》指出：报纸企业化经营方针是完全正确的，可以实现的。从表面看来，似乎是鼓励报纸走产业化的道路。但紧随其后，1950 年 4 月，《中央人民政府新闻总署关于省市区新闻机关员额暂行编制的决定》和 1952 年 12 月《中共中央关于报刊发行问题的指示》便有了向内收的取向，禁锢了报纸的产业化发展。1956 年社会主义改造完成，建构统一的党报体系，报纸的经营属性被硬性中断。1956—1977 年，是一个特殊的历史时期，宣传功能全面遮蔽了报社其他的功能，单一的政治评价体系使报社放弃经营。

如果说改革开放之后的媒体是从意识形态媒体向产业经营媒体的过渡，① 那这一时期恰恰相反，是产业经营媒体向意识形态媒体转换。事实上，这一时期的制度安排使政府和报社的利益目标都无法达到满足，特别是不利于报社的发展。从制度经济学的角度来看："如果现行的决策规则相对于人们的希望来说总是不能产生令人满意的结果，那么参与人将会较大幅度地修改或者重设规则系统。"② 制度的重新选择必然发生，1978 年的报纸产业制度变革印证了这一论点。

二 恢复与放开

1978 年报业制度演进的初衷并不是建设强大的报业帝国，只是为了解决报业面临的财政负担。在政府的默许下，借力刚起步的市场经济缓解自身经济上的拮据（《人民日报》），避免陷入停刊的局面（《洛阳日报》），这些举动传达一个明确的信号——单一的报业属性、机械的制度安排在经济方面是无效率、不成功的，依靠传统体制和政策手段，不能解决报业所面临的现实问题，因此制度重新选择是必需的。市场经济的萌生提供了报业制度选择的灵感和机遇。

1978 年 12 月十一届三中全会确立了改革开放的国策，反映在报业上

---

① 黄升民、丁俊杰：《媒体经营与产业化研究》，北京广播学院出版社 1997 年版，第 5 页。
② 谢光启、魏子力：《主观博弈论视角下的制度变迁——兼谈诚信问题》，《商业研究》2004 年第 14 期。

是国家新闻总署批准报社企业化经营，它的直接作用力是报业制度获得了恢复与放开。"制度选择集合会因政府的改变而扩大或缩小，取消一种带有限制性的政府政策的效应，相当于扩大制度选择集合。"① 报业首先是恢复阶段，广告、发行、多种经营制度于 1980 年前后逐渐恢复，缓解了报业的生存危机。1979 年我国媒体正式恢复广告经营；1985 年《洛阳日报》率先实施自办发行；1988 年新闻出版署、工商局颁布《关于报社、期刊社、出版社开展有偿服务和经营活动的暂行规定》，报社的经济行动主体的身份基本确立。

1992 年邓小平南方讲话，中国市场经济体系建设的进程加快，中国报业"不进入市场就不能生存"。政府对报业制度的规制表现出"放开"态度：1994 年，新闻出版署组织论证了报业集团的必要性、可能性，并提出了若干具体条件；1995 年，广州日报社被选中成为我国第一个正式的报业集团试点，1996 年初正式挂牌运行，从而使报业集团制度进入具体实施阶段。报业放开趋势是明显的，正如时任新闻出版署副署长柳斌杰所言："如果不把新闻出版当作产业，就没有发展。新闻出版行业思想解放还不够，影响了新闻出版业的发展。目前还管得过死，干涉过多。"②

三　突破与改制

2001 年 1 月，时任中宣部部长丁关根指出，新闻出版广播影视业的改革要从分散经营向集约化发展过渡，从重点突破向整体推进过渡。提出这样的发展战略很大程度上是我国加入 WTO 的要求。在国际大型传媒进入压力之下，报业制度必须突破已有的制度束缚，增强报业经济自主性。加入 WTO 带来国内和国外资本进入的合法性。"加入 WTO 意味着在那些原来不许外国企业进入中国市场的产业以及对外国企业在中国市场的发展仍有限制的产业将逐渐开放，这些产业既然将对外国企业开放并给予国民待遇，就没有理由不向本国的非公有制经济开放。"③ 在这样一个特定的背景下，一系列报业融资制度相继出台。2001 年颁布的《关于深化新

---

① 杨俊一：《制度哲学导论——制度变迁与社会发展》，上海大学出版社 2005 年版，第 199 页。

② 《国家新闻出版总署副署长柳斌杰透露新闻出版业酝酿深化改革》，《财经时报》2002 年 11 月 15 日。

③ 董辅礽：《非公经济要抓住入世良机》，《领导决策信息》2001 年第 42 期。

闻出版广播影视业改革的若干规定》（17 号文件）；2002 年，新闻出版总署《关于规范新闻出版业融资活动的实施意见》；2004 年颁布的《关于进一步规范出版单位合作和融资行为的通知》等，虽然对资本进入报业有诸多限制，但对于一直强调公有制的报业来说，无疑是一次重大突破。

2003 年全国文化体制改革试点工作会议召开，标志着"改制"成为现阶段报业的发展主题。改制就是"推进行政管理体制改革，加快政府职能转变，推进政企分开、政资分开、政事分开、政府与市场中介组织分开"。[①] 改制的目的有两个：一是对"党报党刊和时政类的报刊，按照中央要求进行改革，对这类报业单位要加强规划、支持和规制，形成有效的激励约束机制"；二是"对报业中实行转企改制的文化艺术生活科普类的报刊社进行企业改革，加快现代企业制度，完善公有制实现形式，对报业企业实行公司制改造，实现投资主体多元化"。[②] 突破与改制是"入世"前直至当下我国报业发展最重要的理念，在短时间内依然是报业改革的主要命题。

以上主题转换的描述，有助于抽象和简化地把握我国报业制度变迁的复杂态势。事实上，我国报业制度的发展过程很难用只言片语来概括，我们借助图 2 - 1 将 1949—2006 年报业制度选择的关键点和转折点予以更为具体的呈现。

第二节　报业制度选择的行为逻辑

和我国经济体制改革一样，报纸产业制度选择一开始并没有明确的、始终如一的模式。由于没有一个彻底变革的方案，相应的也就不可能有序实施一套综合、全面的改革措施。报纸产业制度建设遵循"从单一改革到全面推进"、"从边缘突破到整体改制"的运行思路，因此，政府、报社的行为也就处于一种不断调整、不断变更的过程之中。诸多的报业管理者、经营者都曾试图使改革更具整体性、全面性，但这样的系统改革方案

---

① 石峰：《提高整体竞争力　迎接战略机遇期》，《传媒》2006 年第 8 期。
② 肖景辉：《创新，推动报业转型的关键词——报业竞争力年会"创新"论坛侧记》，《传媒》2006 年第 8 期；该文引用国家发改委经济体制综合改革司副司长连启华的发言。

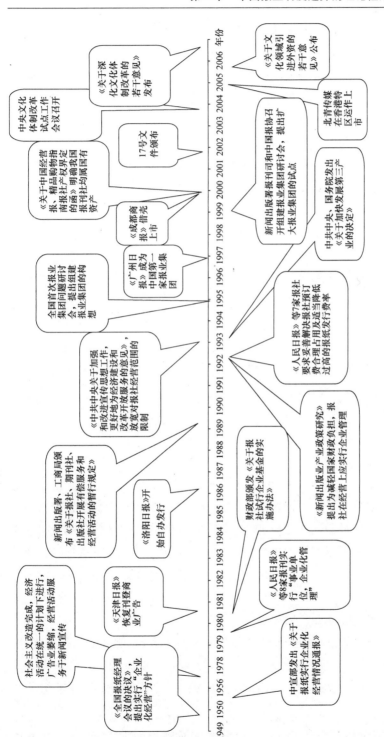

图 2-1　1949—2006 年中国报业的制度变迁①

① 此图对崔保国等《改制与转折：2004—2005 年中国传媒产业发展总报告》文中"中国传媒产业历程示意图"有所借鉴。

却很难制定。尽管如此，报业制度改革有一个明确方向，那就是不断增加市场化的、产业化的因素。报业制度选择过程可以认为是政府、报社以及资本（尽管参与的程度不等且并非贯穿始终）等行为主体反复博弈的过程。政府不断出台的政策、法规、指令，每一次官方文件的颁布，都可以认为是政府与其他博弈方进行博弈时的一个行动（action），其行动轨迹见图2－2：政府、报社、资本等行为主体都是以发展为目标取向进行决策，政府提出规制目标，报社和资本提出利益目标，这两个目标能否达成一致是制度选择的根本条件。行为主体都会对目标的可行性进行理性判断：政府根据现存的制度安排权衡是否施行变迁。当现有制度适合政府的规制要求，利于政府政治效益、社会效益、经济效益全面实现时，政府会不遗余力地推行该制度使其成为正式制度；当政府发现现有制度不利于自身利益最大化时，会产生重新选择制度的意愿；当政府对当前状况拿不准时，通常会采用默察的态度，等情况明了时再进行扩散或中止。报社和资本同样会经历这样一个理性判断过程，当他们认为当前制度能够实现利益最大化，适合自身有序、合理运行时，通常不会产生制度变迁的要求，遵从是其最优的选择。当报社和资本发现现有制度不能满足自身发展的愿望，甚至是严重阻滞了发展的可能，就会毫不犹豫地提出变迁要求，如果这一要求与政府的要求不完全吻合，他们会自行变通以适合政府的要求。这一复杂的过程就是制度选择的过程，从本质而言，就是政府与报社、资本利益博弈的过程。

以上报业制度选择的过程中，有几个关键因素。一是发展取向，这是制度选择的基点，提供了制度选择可能。二是默察—扩散的制度选择路径，显示了政府对报业的谨慎态度。三是理性判断，对于制度选择参与方来说，理性判断是制度正式变迁的关键，参与方往往以最优化的策略参与制度选择。四是反复博弈，这是制度选择的本质，贯穿制度选择过程的始终，博弈参与方、博弈策略、偏好都会影响博弈均衡。下文将对于以上四点加以分述。

一 制度选择基点：发展取向

在我国报业发展的进程中，"发展"这一提法频频出现于各种文件、指令、政策、制度，报业制度选择主体都遵从一个原则：发展取向，即"报业要讲发展，就要坚持：发展是硬道理，不发展没有出路的观点"①，

---

① 《中国报协常务书记连福寅认为报业发展要注意安全问题》，《传媒经济参考》2002年第30期。

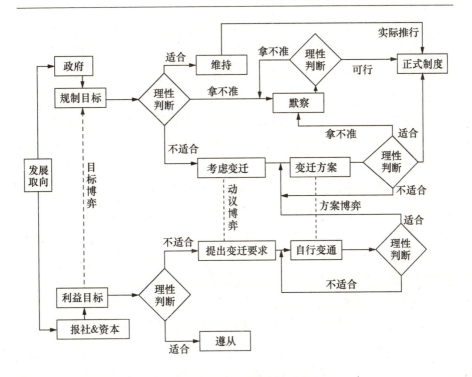

图 2 - 2　报业制度选择过程

"以发展为主题，以结构调整为主线"。① 2005 年 12 月 23 日中共中央、国务院《关于深化文化体制改革的若干意见》明确提出 "文化体制改革的目标任务是：以发展为主题，以改革为动力，以体制机制创新为重点"。可见，发展问题是中国报业体制改革的一个 "元问题"。什么是发展？大致有两种代表性的观点：第一种认为发展是指 "事物因相互作用而沿某一方向的运动"，而这某一方向 "却不是任一维度的运动，它有自己特殊的规定，即螺旋式上升"；② 第二种认为发展是 "扩展行为主体自由选择范围与机会的过程，经济发展的本质就是自由的增长以及自由选择机会的扩展和日益丰富"。③ 前者强调发展的路径；后者则强调发展的结果。我

①　《新闻出版总署关于贯彻落实关于深化新闻出版广播影视业改革的若干意见的实施细则》，http：//www. cpll. cn/law7993. shtml。
②　鲁鹏：《制度与发展关系研究》，人民出版社 2002 年版，第 83 页。
③　王廷惠：《微观规制理论研究——基于对正统理论的批判和将市场作为一个过程的理解》，中国社会科学出版社 2005 年版，第 616 页。

们对报业发展取向的探讨将在综合这两种观点的基础上展开。对于报业而言，发展还有着更深层次的含义，正如曹鹏所言："发展往往是生存的同义词，因为只有选对了方向，媒介才会在市场中生存下来；否则，就有出局之虞。"①

发展是制度选择行为的基点，主体在选择制度的过程中要考虑报业发展。报业制度变迁都在成本收益层面上被制度选择各方权衡。如果现行制度的净收益小于某一种可供选择的制度，出现了一个新的赢利机会，为捕捉这种新的赢利机会，人们力图改变原有制度，推动制度变迁，建立一种更为有效的制度。② 对于传媒制度选择的参与方而言，这种成本收益的权衡，这种新赢利机会的捕捉都是发展取向的具体诠释。我国报业进行多种经营、集团化运营、资本运作、文化体制改革，都离不开发展的主题。报业制度选择进程中的"发展"一词有以下几层含义：

（一）一个发展，各自表述

不同主体在制度选择的过程中会赋予发展不同的内涵，这是因为他们追逐的利益属性不尽相同。稳定和安全是政府的取向，而生存和利润是报社的要求。报业的双重属性本身就赋予"发展"不同甚至迥异的衡量标准。对制度选择的参与者来说，对于发展的不同理解导致制度选择行动的分歧与冲突。制度选择各参与方在实现自我发展的同时必须估计到相关方的"发展"要求，"应该保证发展机会的开放性和发展目标的多样性，应该确保发展的自由得到最大限度的扩展"。③ 因而在报业制度选择中会出现这样一种现象：报社不以经济利益为直接诉求，反而过多强调社会效益、宣传效益的增加，以争取政府对于制度变革的支持。这一现象在发行制度、多种经营、集团化发展过程中都不鲜见。因为报社"必须在社会效益层面上的事业化和经济效益层面上的商业化的双重压力下找到合理优化的均衡点"。④

（二）发展有整体性的含义

这个整体性是指选择制度的每个主体都应在新的制度下有所增益，而

① 曹鹏：《中国媒介前沿：来自市场的观察报告》，新华出版社 2003 年版，第 4 页。

② 张曙光：《论制度均衡与制度变革》，《经济研究》1992 年第 6 期。

③ 王廷惠：《微观规制理论研究——基于对正统理论的批判和将市场作为一个过程的理解》，中国社会科学出版社 2005 年版，第 617 页。

④ 徐航：《中国传媒经济发展价值取向》，《集团经济研究》2004 年第 8 期。

不是某一个主体的单方面发展。甘布尔说："社会的发展不是取决于某一个单独的愿望，而是各种意愿、各种实践结果、各种失误、各种失败以及各种成功之间相互竞争的结果。"① 报业制度选择的本质是各个利益团体间的博弈，只有博弈达到均衡，新的制度才有可能出台并运行，均衡状态意味着制度选择各个主体都得到发展。如果一项制度只符合政府的发展需求或只满足报社的发展要求，都不可能达到均衡，付诸实施的阻力会增大。

（三）发展并不是短期行为

在制度选择过程中，必须注重长期效益，应该重视可持续发展观的引入，不能只求眼前利益，片面追求做大做强。现行报业制度是政府、报社、资本多方驱动的结果，受众利益被边缘化，甚至出现受众利益缺失，这不利于报业的长期发展。报社不能仅仅静态地、低层次地满足受众，而应通过传播内容与受众形成良性互动，在发展传媒的同时提升受众的品位。②

总之，发展取向是制度选择参与方的共同主题，无论是政府、报社还是资本都有着发展的要求，但各方对发展的内涵有不同的理解。发展取向可以解释报业制度选择是"上下互动"的长期效应，而非媒介或者政府任一方单极推进的结果。

二 制度选择路径：默察—扩散

默察—扩散的发展路径对于政府而言是可以接受的渐进式革新方式，在广泛试点的基础上，合理的、有效的制度模式可以通过政府的准入审核，由政府加以推广，成为既有制度的替代。与此相对应，还有部分制度创新在试点后停留在一定区域内实行，或者终止。试点，即典型试验，是党政领导机关为验证决策的正确性、可行性，为寻求实施决策的具体方案，在若干单位进行的一种局部性决策施行活动，③ 政府对试点持静观默察，在认为试点经验可行后再整体推进，是通过"单个主体的试错和试

---

① ［英］安德鲁·甘布尔：《自由的铁笼——哈耶克传》，王晓冬、朱之江译，江苏人民出版社 2002 年版，第 49 页。

② 参见黄蓉《科学发展观视野中的受众资源经营》，《电视研究》2006 年第 6 期。

③ 朱光磊：《当代中国政府过程》，天津人民出版社 2002 年版，第 182 页。

验，所进行的创造性革新以及通过学习和模仿在更广范围内的传播与扩散"。① 在我国，无论是政治体制改革还是报业制度变迁，"典型试验，逐步推广"，已经成为被普遍肯定的惯常做法。② 这种渐进式改革路径有以下几个特点：

（一）默察—扩散的发展路径能够降低风险

从既有的报业制度选择来看，默察—扩散的路径既提供了足够的创新空间，又降低了改革风险。报业制度选择往往意味着报社自主性增加，如何保持报社的事业属性，维护政府对于媒介的控制力和影响力，降低报业制度转型所带来的不确定性，在此过程中维持并增加宣传效益，是政府作为报业制度选择方的主要考量。采用默察—扩散的路径是基于参与者"有限理性"的假设。参与者不是全知全能的人，在制度选择的过程存在犯错的可能，虽然"市场过程本身就是一个不断试错和试验的过程"，"错误和失败是市场过程内生的学习方式，是获取、发现和利用知识的必然成本"，③ 但每个利益主体都希望付出最小的成本获取最大的效益，政府也不例外。选择渐进式的默察—扩散路径"可以避免或减少信息和组织资源遭受突然破坏，能够降低改革的信息成本与组合成本，因而具备可行性"。④ 正如童兵所言："我国的新闻改革总是从具体的、所谓微观的改革，也即新闻业外的改革入手的。实践证明，这种设计和部署是合适的，比较容易操作。"⑤

（二）默察—扩散的发展路径能够累积经验

渐进式改革的特点是并非从一种旧经济结构直接转入一种新经济结构，而是从边缘到核心逐步转化。边缘改革能为核心改革提供丰厚的经验，降低试错成本。渐进式改革："能够降低制度转轨所产生的社会代价。那种认为人们可以设计、构建理想制度模式，穷尽一切可能变数与情况，通过谨慎改革方案实现新、旧制度快速转换的想法显然过于天真和不

---

① 王廷惠：《微观规制理论研究——基于对正统理论的批判和将市场作为一个过程的理解》，中国社会科学出版社 2005 年版，第 597 页。

② 朱光磊：《当代中国政府过程》，天津人民出版社 2002 年版，第 182 页。

③ 王廷惠：《微观规制理论研究——基于对正统理论的批判和将市场作为一个过程的理解》，中国社会科学出版社 2005 年版，第 128 页。

④ 同上书，第 598 页。

⑤ 童兵：《主体与喉舌：共和国新闻传播轨迹审视》，河南人民出版社 1994 年版，第 101页。

切实际。"① 2006 年新闻出版总署副署长石峰对报业经济体制改革提出的具体要求也可以看出这一考虑，他提到"要按照区别对待、分类指导、循序渐进、逐步推开的原则，通过改革试点，出台相应政策，有计划、有步骤地推进报业经营机制创新"。②

（三）默察—扩散的过程不能一蹴而就，充满着反复和曲折

我们知道，"基于信息与知识的连续性、有限性、分散性与场景依赖性……改革只能是一个边干边学的动态复杂过程"。③ 报业制度选择的路径就是在这种动态复杂的过程中曲折前行，会经历"发现、尝试、试验、学习、传递、扩散，到中央认可、总结、复制和推广的路径"。④ 一次简单的默察—扩散是多次选择构成的，只要有一个阶段出现问题，预选制度就有可能失去出台的机遇。

默察—扩散是我国报业在制度选择过程中所遵循的路径。报业改革是"摸着石头过河"，一切经验都是从实践中摸索和总结出来的。确立一项新制度，对于政府和报社来说都是讨价还价的博弈过程。有利于报业稳定、健康、快速的发展，这个制度就有出台的基础，能进入默察阶段，如果发现不利于发展，就立即停止。通过试点，各利益主体对新制度就有了比较清楚的认知，利于报业发展者就有正式出台的机会，不利于报业发展者，就会胎死腹中；如果暂时还不明确有利还是不利，就要继续默察，有时这一阶段会延续相当长的时间。

三　制度选择模式：理性判断

西蒙认为："理性是指一种行为方式，其特点是：第一，适合实现制定的目标；第二，在给定的条件下和约束的限度之内。"⑤ 思拉恩·埃格特森认为理性"强调个体单位总是在一定的约束条件下追求目标函数极大化，是新制度经济学的核心"。⑥ 报业制度选择主体只有以最小的代价

---

① 王廷惠：《微观规制理论研究——基于对正统理论的批判和将市场作为一个过程的理解》，中国社会科学出版社 2005 年版，第 599 页。

② 石峰：《提高整体竞争力　迎接战略机遇期》，《传媒》2006 年第 8 期。

③ 王廷惠：《微观规制理论研究——基于对正统理论的批判和将市场作为一个过程的理解》，中国社会科学出版社 2005 年版，第 598 页。

④ 同上书，第 587 页。

⑤ ［美］赫伯特·西蒙：《现代决策理论的基石》，杨砾、徐立译，北京经济学院出版社 1989 年版，第 3 页。

⑥ ［冰岛］思拉恩·埃格特森：《经济行为与制度》，吴经邦等译，商务印书馆 2004 年第 2 版，第 13 页。

获得最大的收益，这个策略才是最优的，这个选择才是真正合乎"理性"的。

理性判断的过程是"从经济学审慎推理的视角考察和反思制度规则是如何被理性的经济行为人谋划、设计和建构出来，并在理想行为人追求的个人利益最大化的理性计算中不断变迁的"。[①] 理性判断的核心即是"在一个选择集里，一种制度安排如果比其他制度需要更少的交易费用，这种制度安排就比其他可供选择的安排更有效率。制度变迁最终会不会发生，取决于变迁的成本与潜在的收益"。[②] 无论是从"经济人"假设出发还是从交易费用理论出发，我们都能清楚地看到，理性判断的过程就是一个制度选择主体的权衡过程。理性判断在报业制度选择中通常出现于两个环节：对于报社而言，是选择什么样的制度可能为自身带来收益；对于政府而言，是选择什么样的制度报业才能稳定发展、便于管理。报业制度所遵循的边缘突破的变革路径本身就是理性判断的结果，那些处于媒介业务边缘运作的制度是最先被突破的，因为这部分制度的变迁最易被媒介的主管部门所接受，变迁成本最低，且其变革能够带来较为丰厚的经济补偿。

报业制度选择参与方要适应具体的内部和外部环境，并没有出现固定的判断依据。尽管存在发展取向，但在每一次具体的制度选择中都充满不确定性。报业制度选择的轨迹呈现一个渐进、滞后甚至反复的特点，制度选择参与者的均衡状态始终处于变化之中。当出现新的参与者或制度环境变化时，各个参与方都会根据具体情况进行新的理性判断，博弈均衡会随之发生。

制度选择过程中，选择主体会考虑制度的适用性。不仅要考虑自己的成本收益，还必须将其他参与方的接受程度置于同等重要的位置去考量。在制度选择的过程中，政府既是强有力的参与者，也是规则的制定者，角色至关重要，但正式制度最终出台必须经过政府、报社、资本等参与主体的理性判断才能确定，正如邓正来所言："参与中国改革的多元力量，特别是政府一方，当然是有其特定的理性的，确切地说，政府政策是依据其

---

① ［美］H. 培顿·扬：《个人策略与社会结构：制度的演化理论》，王勇译，上海人民出版社 2004 年版，第 5、6 页。

② 陈雪梅：《发展经济学演变过程中的发展思路及其政策取向》，《暨南学报》2000 年第 6 期。

理性判断而采取的或调整的，但其最后结果未必就是这种理性的直接结果。"①

四　制度选择本质：反复博弈

制度的形成过程是一个多次反复的动态博弈过程，经济活动中的最优合作并不是一次博弈完成的，而是反复博弈的结果。"哈耶克从人的理性有限性出发，坚持认为制度的变迁不是人为的有意识的理性设计的结果，而是无数个体与人群之间互动博弈所形成的自发演化过程的结果。"② 这与恩格斯的社会合力理论不谋而合，恩格斯认为"最终的结果总是从许多单个的意志的相互冲突中产生出来的……这样就有互相交错的力量，有无数个力的平行四边形，而由此产生出一个总的结果"。③ 恩格斯谈论的是历史的形成过程，但在制度选择的过程中也同样适用。在报业制度的形成过程中，各个博弈主体都有自己的最优策略选择，这些策略不可能完全一致，有时还充满矛盾，反复博弈是各个博弈方对自己的策略进行不断调整的过程。

（一）博弈均衡是博弈方在某个具体的制度选择上达成共识或妥协的结果

在一个博弈格局中，博弈各参与方利益平衡，都没有改变自己策略的动力，称为均衡状态。博弈均衡很难长期保持，当博弈的初始环境或条件发生变化，博弈均衡就被打破，进入下一个博弈格局，直至达到新的均衡状态。我国报业制度选择的过程就是这样一个"均衡—不均衡—均衡"的反复博弈的过程，其实质就是利益再分配。

（二）报业制度很难一次定型

博弈论的创始人冯·诺伊曼和摩根斯坦恩认为：一个三人博弈根本不同于一个二人博弈，而一个四人博弈根本不同于一个三人博弈，随着参与者个人的增加，这一问题的组合复杂性会增加。④ 多次反复博弈是报业制度选择常规模式：1949—1977 年我国社会结构表现出政治、经济、文化

---

① 邓正来：《市民社会与国家知识治理制度的重构——民间传播机制的生长与作用》，《开放时代》2000 年第 3 期。

② 汪立鑫：《经济制度变迁的政治经济学》，复旦大学出版社 2006 年版，第 14 页。

③ 参见《马克思恩格斯选集》第 4 卷，人民出版社 1972 年版，第 478—479 页。

④ ［美］冯·诺伊曼、摩根斯坦恩：《博弈论与经济行为》，王文玉、王宇译，生活·读书·新知三联书店 2004 年版，第 19 页。

高度统一的总体性，政府作为唯一的博弈方出现，报社扮演着跟随者的角色；1978 年至 20 世纪末，"事业单位、企业化管理"释放了报社的活力，两方博弈的格局逐步建立；之后，资本带着它的逐利本性参与报业制度创新，博弈方加入意味着要重新协调参与者的利益和需求。只有通过反复的博弈，各个博弈主体才能找到都满意的均衡策略集。

（三）反复博弈可以保障制度选择行为的公平

对报业制度的评估标准除促进报业经济增长之外，还有制度形成及实施过程的公平性。如果博弈一次完成，任何一个主体为获取利益最大化都会选择以其他主体的利益减少为代价，这由经济人的投机心理所决定。这样的选择结果往往是不公平的和非均衡的。为了达到博弈的均衡，各个主体不仅要考虑自己的策略，还要顾及其他主体的策略，必须找到大家都共同认可的策略集，这个策略集只有"在充分调查研究、充分获取信息的基础上，综合权衡后制定……很难一次博弈形成，必须经过多次反复博弈"① 才可能凸显出来。

从制度选择的行为逻辑中可以看出，制度选择的每一个步骤，即制定选择的基点：发展取向；制度选择的路径：默察—扩散；制度选择模式：理性判断，都是由选择主体的博弈行为构成的，因此，用博弈视角分析我国报业制度选择行为是确切的。

第三节　报业制度选择的博弈主体

政府与报社是报业制度选择永恒的参与者。加入 WTO 后，报业制度的博弈格局发生新变化，封闭式的、渐进式的、可控制节奏的制度选择变得困难起来。中国报业的运行规律须和国际准则接轨，业外资本的介入使既有的博弈主体——政府和报业都不适应。在 WTO "准入制度"的压力下，政府维持对于报业的控制力，同时要避免"入世"后陷入被动地位；报业希望外部资金注入使自身实力增强，同时也极力维护对报业资源的垄断。在此背景下，一批为适应 WTO 需要的报业制度渐次出台，特别是与资本进入相关的制度的"波动"与"反复"，更能体现出此时博弈格局的

① 卢现祥：《西方新制度经济学》，中国发展出版社 2003 年版，第 65 页。

复杂与微妙。

在政府与报社漠视下，受众事实上缺席了报业的制度选择，仅在为实现某一博弈方利益时被动地隐约作为筹码出现。随着社会民主进程的加快，公民参与社会公共事务的观念将得到强化与认同，未来报业制度的博弈格局中将会出现受众的身影。受众对于报业的决定性影响将在一定程度上弱化政府在报业制度上的主导地位，报业制度选择将从权力主导走向利益制衡。

一　政府

政府在制度选择中的重要性不言而喻。刘易斯认为："没有一个国家不是在明智政府的积极刺激下取得经济进步的。"[①] 政府对于报业管制的松动，给予报业制度选择的空间。传统党报体制下，政府对于报社有绝对控制权，随着报业市场化的进程，市场成为配置报业资源的重要力量，政府对于报社的控制虽然减弱，但仍拥有绝对权威。在报业制度选择中，政府作为博弈主体，其目标函数最为复杂，包括政治收益（舆论引导正确、意识形态稳定、执政安全）、社会效益（丰富人民生活、实现社会和谐、满足信息需求）、经济收益（减轻国家财政负担，增加国家税收）。总的来说，政府更多显示的是政治效益（宣传效益）的偏好。报业形成规模效应后，能够更好地宣传党的政策、方针，满足人们的新闻信息需求是政府考量的主要因素。报业制度选择中，较之报社、资本以及未来的受众等博弈主体，政府因其拥有的权力，既是博弈的参与者，也是博弈规则的制定者，更是博弈均衡的决定者，占有绝对的主导地位。因此，在报业制度改革中，报社、资本常常把满足政府偏好作为博弈策略，这有利于博弈均衡的形成。

在未来的报业制度博弈格局中，政府的权威仍然存在，但更为重要的是"政府作为共同利益的平衡器在各方利益谋求平衡，以维护社会秩序并体现出公正的价值"。[②]

二　报社

报社往往是报业制度选择的发起者，报业制度的实践者，同时也是报

---

① Lewis, W. Arthur, *The Theory of Economic Growth*. 转引自彭海斌《公平竞争制度选择》，商务印书馆 2006 年版，第 159 页。

② 杨俊一：《制度哲学导论——制度变迁与社会发展》，上海大学出版社 2005 年版，第 157 页。

业制度的最大受惠者。对于报纸产业化进程，报社比其他参与者更具积极性。报社的"双重属性"构成了报社参与报业制度选择的优势与劣势。报社的"双重属性"在报社推进产业化时，能够以实现事业属性论证改革的迫切性与必要性，与政府进行讨价还价，这是其优势所在；同时，报社的事业属性导致改革不能一步到位，只能渐进而行，如在报业制度变迁中的很长时间内，报社都无法公开引入业外资本促进发展，这是"双重属性"的局限所在。报社的目标函数构成也受制于"双重属性"。包括：（1）实现自身的生存与发展，免受政府与市场的双重威胁；（2）实现报社社会效益，在新闻专业主义的基础上建设新闻公信力以及报纸品牌影响力。

在制度选择中报社的策略是要在市场与政府之间保持均衡，报社满足政府的效益偏好才能使制度得以创新；报社满足市场的需要才能实现自身的经济利益。在经济指标以及社会效益指标的重合点上寻找出路，是报社在与政府博弈时最常用的手段。

三　资本

在本书中，资本主要指政府以及传媒业之外的资金。资本最重要的特征是逐利性，围绕资本增值产生促成资本流动、降低投资风险的需求。时至今日，资本在报业经营上无法取得与政府对话的机会，尽管资本被允许进入报社的经营领域，但是无法创办或者拥有一个完整的报社。在报业制度选择中，报社更多成为资本参与博弈的代言人，以及资本利益的落实者。在未来，资本有望以合法的身份创办、拥有报纸，有机会直接参与报业制度博弈。

在整个20世纪，资本进入报业经营是不被允许的。面对日益庞大的报业市场，报社虽跃跃欲试但往往苦于资金匮乏；资本的逐利性决定了资本具有风险偏好，它竭尽所能迂回进入报社，实现增值，两者之间的合作成为必然。资本进入报社后，资本与报社之间的关系取决于两者的力量对比，无论孰强孰弱，维持相对稳定的合作关系是实现资本增值的前提条件，否则政府将从默察转向查处，报社和资本均将遭受重大损失。从现有报社和资本合作成功的范例来看，进入报业的资本普遍比进入其他经营行业的资本更具理性，体现为对新闻规律的尊重、对赢利时间的从长计议等，为报纸的发展提供了较为宽松的外部环境。

四　受众

从改革开放一直到 20 世纪 90 年代中期，报业制度选择的主要目的是在政府财力有限的基础上，确保大众媒体的宣传活动正常进行，受众利益常常被遮蔽、被忽略。原因在很大程度上是由于它是分散的"大众"（mass）。集体选择理论认为，分散的利益需求主体的意愿容易被忽略，尽管数量很大，但在集中选择中不占优势。[1] 受众的非组织性和信息不对称也导致受众在大众传播中只能充当被动的接收者，无法积极参与传播活动。

受众拥有的政治参与权和货币投票权，是确保公众利益在大众传播中不受侵害的关键。随着市民社会的崛起，出现了独立于政府、企业之外的公共组织，解决了受众松散性的困扰。受众在报纸产业制度选择中将以间接参与为主，其中途径有二：其一，通过社会舆论施压政府，对报业不当行为予以规制；其二，非营利组织能够以组织的形式代言公众利益，在配置社会资源、规范政企运行、解决市场失灵方面与其他博弈方进行谈判，维护公众权力。受众作为博弈方将在报业制度选择中担当起重要的角色，将会实现和谐传播，确保大众传播中公众利益的实现。

政府、报社、资本、受众作为报业制度博弈主体，有各自不同的目标函数、目标偏好、风险偏好，在参与具体博弈时信息掌握、参与形式也有所差异（见表 2 - 1）。

四方博弈格局的产生，能够有效地平衡政府、社会以及有企业属性的报社三方利益，促使报社以履行社会责任来实现赢利目标。尽管四方博弈格局还未形成，但这种理想的博弈状态对于我们思考报业发展的走向、考察现有报业制度的合理性有着积极意义。

表 2 - 1　　　　　　　　　　博弈主体特征

博弈主体　＼　类目	目标函数	目标偏好	信息掌握	风险偏好	博弈参与
政府	政治效益/社会效益/经济效益	政治效益	不完全	风险厌恶	直接
报社	社会效益/经济效益	经济效益	完全	风险中性	直接
资本	经济效益	经济效益	不一定	风险喜好	直接/间接
受众	社会效益	社会效益	不完全	风险厌恶	间接

---

[1]　彭海斌：《公平竞争制度选择》，商务印书馆 2006 年版，第 110 页。

本章小结

从我国报纸产业化进程的主题转换中，不难发现，报业制度选择遵循的是从边缘到核心、从默察到推广的渐进式路径，报社往往充当博弈的发起者。报业制度选择可以被表述为，在发展取向的前提下，政府、报社、资本理性判断、反复博弈的过程。报社和政府是报业制度永恒的参与者，而资本的博弈主体地位随着我国加入WTO逐渐确立。随着公民社会的到来，受众将会加入到博弈格局中，报业制度博弈格局将从权力主导走向利益制衡。

第三章 单方博弈：总体性社会下
报业制度选择

　　1949 年之后，我国实行一种高度集权的管理体制，社会结构呈现典型的一元刚性和同质化特征，机械式的有序状态是它的外部呈现，这种社会样态也被称作总体性社会，即结构分化程度很低的社会。① 这种社会结构中，国家直接垄断大部分社会资源，国家是生产资料的垄断者，同时担当生活资料的发放者、权力和威望的配置者。在这样总体性的社会格局之下，尽管有报社、政府的博弈格局存在，但报社并没有其他博弈策略可以选择，政府发出指令，报社听从指令就是唯一的博弈均衡。缺乏自主性的报社只能受制于政府的制度安排，并无反制能力。单方博弈格局是政府在考虑政治、经济因素后通过诉诸权威而构建的，目的是实现政府利益的最大化。在政府的单方博弈之下，1949 年年末开始的报社企业化充满了政治意涵，在实现建设发行网络、完成私营报社的社会主义改造后，报纸产业因素被终止，取而代之的是非营利性质的党报一统大局。

第一节　总体性社会报业制度选择环境分析

　　总体性社会政治结构的横向分化程度很低，政治中心、经济中心、意识形态中心高度重叠。意识形态是总体性的，政治是高度意识形态化的，经济与其他社会生活是高度政治化的。② 总体性社会意味着社会高度整合，组织、团体、个人的自主性被禁锢，个人、社会组织在国家行政体系覆盖之下丧失自我发展的机能，而政府却获得了最充足的施展空间，发挥

---

　　① 孙立平、李强等，中国战略与管理研究会社会结构转型课题组：《中国社会结构转型的中近期趋势与隐患》，《战略与管理》1998 年第 5 期。
　　② 同上。

最完备的角色功能。

一　全能型政府

总体性社会中的政府，是一种"全能型政府"，与高度集中的计划经济相适应。政府的行政管理能力控制着社会生活的每一个层面，兼具政治、经济、文化、思想的调节支配功能。这是由于"政府是公有制下生产资料的象征性所有者，理所当然地成为全社会经济发展的组织者和管理者"。① 总体性社会中的政府有以下特点：

（一）职能无限扩张

从新中国成立初期所颁布的一系列指令、文件直到 1954 年颁布的第一部宪法，都明确地赋予政府极为广泛与强大的行政权力。高度统一、条块分割的管理模式赋予政府无所不在的职能：从横向来看，工业、农业、商业各个部门由政府全面安排；从纵向来看，中央、地方、基层各级行政单位受党的全面控制。政府的行政权力和承担的职能过分膨胀，② 各个领域从宏观到微观、从整体到局部、从集体到个人无不在中央政府的大一统的调控之下。有学者将这一时期表述为："在计划经济的基础上，巍然矗立的必定是一个以管制为本质特征、以全能统制为其基本行政倾向的巨型政府。"③

（二）计划细致周详

计划成为这一时期政府最常用、最有效的调节手段。这一时期，各级政府都有庞大的计划部门，根据其自身所收集到的信息情报以及对社会利益需求与价值偏好的主观判断，根据国家的价值取向，编制全面具体近乎琐细的国民经济及社会发展计划。④《共同纲领》就提出："中央人民政府应争取早日制定恢复和发展全国公私经济各主要部门的总计划。"1955 年6 月国务院批准的《中华人民共和国国家计划委员会暂行工作条例》规定："国家计划委员会是国务院在国民经济计划工作方面的职能机构，在国务院领导下负责审查国务院各部、各委员会和各省、自治区、直辖市的

---

① 彭澎：《政府角色论》，中国社会科学出版社 2000 年版，第 57 页。

② 张方华：《政府职能梳理与重构》，载金太军、赵晖、高红主编《当代中国政府管理与社区治理丛书》，广东人民出版社 2002 年版，第 44 页。

③ 徐邦友：《中国政府传统行政的逻辑》，中国经济出版社 2005 年版，第 25 页。

④ 薄一波：《若干重大决策和事件的回顾》，中共中央党校出版社 1991 年版，第 289 页，转引自徐邦友《中国政府传统行政的逻辑》，中国经济出版社 2005 年版，第 87 页。

国民经济计划草案，并向国务院提出审查意见。"在总体性社会中，国家权力的触角延伸到了社会的每一个角落，一个外在于国家的自主独立的社会实际上并不存在，社会的自主性受到了极大抑制，① 社会的各个细胞都充满了计划的特征。"一切行动听指挥"成为当时政府行政权力最准确的注脚。

（三）经济空间逼仄

政府职能的无限扩张和计划的细致周详投射在经济领域中，导致经济活动空间狭小和逼仄，失去了自我运转的活力和动力。政府通过"计划之手"统一分配、审批各项生产消费物资。"中央政府在统一、协调和平衡全国国民经济发展中处于领导地位，在国民经济的组织管理上实行集中统一领导。"② 1950 年 3 月，政务院颁布了《关于统一国家财政经济工作的决定》，加强了政府对经济活动的控制，使作为最基本的生产单位的国有企业失去了独立的生产、分配、经营能力，仅仅作为政府的附庸而存在，经济利益最大化不是其追求的根本目标，政府指令才是企业考虑的第一要义。

二　依附性报社

我国总体性社会的构建是沿袭革命传统、借鉴苏联模式而形成的。新中国成立初期，政府对媒体实施了严格控制，报纸的出版、编辑、广告、发行都必须经过审批，形成了单一的党报体制。党报作为各级党委的机关报，可以看作是一个"准行政机构"，因为中央明确规定党委机关报是党委的一个工作部门，党报的总编辑、副总编辑和编辑委员由同级党委任命并经上一级党委批准（中央一级由中央直接任命，党报总编辑一般由同级党委委员兼任）。③ 报社各项业务，包括经营管理都要服从党的方针和路线，依附性成为这一时期报社最显著的特征。

（一）报社属性：事业单位

事业单位是指由政府批准的，与财政发生资金往来和管理关系，独立

---

① 李艳萍、曲建英、刘桂华：《论国家与社会互动关系中的社会组织》，《山东省农业管理干部学院学报》2004 年 5 期。

② 张方华：《政府职能梳理与重构》，载金太军、赵晖、高红主编《当代中国政府管理与社区治理丛书》，广东人民出版社 2002 年版，第 65 页。

③ 方汉奇：《中国新闻通史》，中国人民大学出版社 1999 年版，第 123 页。

履行某种社会公共劳务的社会组织。① 按照 1998 年国务院颁布的《事业单位登记管理条例》，事业单位主要是为了促进社会进步、丰富人民文化生活、增进社会福利、提供公共服务的社会组织，具有以下特征：（1）由政府部门主办并主管；（2）活动依循国家计划；（3）业务脱离经济主体，一般不直接从事物质生产，主要从事为社会提供非生产性服务，开展业务不以营利为目的；（4）人员列入国家编制，机构设置由政府机关批准，工作人员一般列为国家事业编制；（5）经费依靠财政拨款，一般由国家财政予以全部或部分协助。② 从这五点来衡量，新中国成立初期的报社是完全符合事业单位特征的。

报社由政府投资兴办，统收统支，专款专用，节余归公，亏损补贴，形成了"办报靠党委，花钱找财政，物资凭计划，价格有指令"的单纯出版型单位。1950 年 4 月 25 日新闻总署通过《中央人民政府新闻总署关于省市区新闻机关员额暂行编制的决定》（见表 3 - 1）。在定编之下，新闻从业人员的工资制度完全套用党政机关的工资制度，如省级日报的级别可分为：一般干部（助理编辑、助理记者）、科级（编辑、记者）、处级（正副部主任）、局级（正副总编辑），一切待遇都按机关的干部级别划分。③ 报社行政化导致了记者编辑"新闻官员"化。

报社内部的组织结构几乎是国家权力机构的翻版。直线职能型的组织结构是当时我国报社最普遍的一种组织结构方式：管理层体现了行政单位管理模式，而职能层强调了与行政单位的对接。管理层对报社进行直线领导，按命令统一原则对各级组织行使指挥权，职能层按专业分工原则，从事组织的各项业务工作，不参与重大决策。在直线职能型组织结构的报社中，社委办任命的编委会统率各编辑部门和行政部门的工作。各职能部门按照宣传需要设定，一般设定供应处、财务处、群工部、农村部等。④

政府几乎对报社的一切活动都有明确的指示，从报纸创立、人员管理到经费供给、组织架构，甚至对报纸报道的具体内容都有细致的安排。各

---

① 方军：《我国事业单位改革的基本构想》，《当代经济》2004 年第 7 期。
② 赵路：《关于公共财政与中国的事业单位改革》，范恒山主编《事业单位改革：国际经验与中国探索》，中国财政出版社 2004 年版，第 69 页。
③ 于铁：《建议改革新闻干部体制》，《新闻战线》1980 年第 11 期。
④ 参见王建男《中国报业组织架构及运行机制》，《中国报业》1999 年第 5 期。

表3-1　　　　　　　　　　　　　省市区新闻机关编制

报纸规模	领导干部	采编人员	读者服务(含专刊副刊)	摄影美术	校对	资料	营业	材料	秘书	人事	文书	收发	总务	会计	记录新闻	合计	备注
甲	5—6	25—34	10—14	5—8	8—10	5—8	5—8	4—5	1	3—4	2—3	2—3	5—7	6—8		83—115	对开八版
乙	5	20—27	8—13		6—8	3—8	3—8	3—4		2—3	2—3	2	4—5	4—6		61—85	四开六版
丙	4	14—20	6—10		4—5	2—4	2—4	2—3		1—2	1—2	2	3—4	3—5		44—65	四开四版
丁	3	7—9	3—5		2—3	1—2	1—2			1	1		2—3	2	2—3	25—35	四开四版间日出版

地党委"应经常给报纸以宣传方针，定期讨论和批准报纸的宣传计划，明确规定每个时期报纸应当解决哪些实际工作中的重大问题。党委不仅应在方针上给报纸以指导，而且应当给予日常的重要工作的指示"。[①]

（二）传媒功能：宣传主导

宣传主导是新中国成立初期至1978年我国报纸的功能定位，与国家权力机关紧密配合几乎是报纸唯一的使命，社会环境、报业结构及党报传统造就报纸的宣传定位。

社会环境奠定了报纸宣传功能的必然性。从1949年到1956年，政府经济职能定位从"有限的政府干预"到"政府统制"转变。[②] 1957年之后，政府进一步强化了既有的职能定位。在全国"一盘棋"的经济环境中，"报纸（及其他媒介）的主要功能，就是'宣传、组织、动员、鼓舞'人民群众，加入到以迅速实现国家的工业化为目标的社会主义建设中去。其自身的产业性质也由于体制的结构性因素（计划经济体制下不

[①] 《中共中央西北局关于改进报纸工作的决定》（1954年1月25日），中国社会科学院新闻研究所编：《中国共产党新闻工作文件汇编》（中），新华出版社1980年版，第379页。

[②] 高萍：《50年来中国政府经济职能的变化与启示》，《中国经济史研究》2002年第4期。

会产生以经济信息的大规模横向交流为特征的广告活动,以支撑媒介经济)而退化"。①

　　报纸的结构调整为报纸宣传功能提供了现实基础,并为政府提供了操作空间。早在 1941 年,中宣部发出《关于各抗日根据地报纸杂志的指示》,指出:"大多数报纸杂志,显示出分工不明,彼此重复,数量多而质量差",提出必须办"政治报纸及作为社会教育工具的通俗报纸",其次是办好"党内月刊","须依人力物力来决定,不要勉强凑数",② 这可以看作我国报纸的第一次治散治滥,其结果是整合了党报的实力。新中国成立之后,报业结构的调整继续进行,据 1950 年 3 月出版总署统计,全国共有 336 家报纸,其中私营报纸 58 家。经过社会主义改造,到 1954 年,几乎所有报纸都成为中央各级党委、政府和人民群众团体主管的机关报。③ 这两次大的结构整合,加强了报纸履行宣传功能的自觉性。

　　继承与发展党报传统成为报业宣传职能的精神支撑。党报作为群众的宣传者、鼓动者、组织者的身份是战争时期中国共产党的重要经验,报纸在战争中表现出很强的战斗力、组织力与影响力。1954 年《中共中央关于改进报纸工作的决议》将报纸根本任务定位为"宣传党在过渡时期的总路线和国家的第一个五年计划","宣传关于增强党的团结的决议",毛泽东在 1957 年提出"报纸是阶级斗争工具"。从此报纸的唯一任务或主要任务,它的性质,就是只搞阶级斗争,而不是其他,没有其他。④ 正如黄旦所言,这一时期党报是党组织的"喉舌",传播者是党组织的一部分,传播目的是指导和组织工作。⑤

　　在总体性社会中,宏观社会结构的调整与成型、中观结构中党报为主的社会主义报业体系的形成以及微观层面党报传统在新时期的延续与发展,三者相作用的报业功能必然呈现单一的宣传取向,这是单方博弈的必然结果,也是报业必须接受的现实。

---

　　① 宋建武:《试论我国报纸发行方式的改革》,《中国报业》1999 年第 3 期。

　　② 《中宣部关于各根据地报纸杂志的指示》(1941 年 7 月 4 日),中国社会科学院新闻研究所编:《中国共产党新闻工作文件汇编》(上),新华出版社 1980 年版,第 114 页。

　　③ 钟沛璋主编:《当代中国的新闻事业》,当代中国出版社 1997 年版,第 645 页。

　　④ 甘惜分:《新闻论争三十年》,新华出版社 1988 年版,第 110 页。

　　⑤ 黄旦:《"耳目"与"喉舌"的历史性转换:中国百年新闻思想主潮论》,博士学位论文,浙江大学,1998 年。

（三）经营管理：空间有限

在计划经济下，政府对大众传媒有最严格的控制。任何传媒单位或是隶属于政治行政主管部门的文化新闻事业单位，或是作为政府部门的内设机构，在强调管理行政化的前提下，报社经营被边缘化，经营部门只是报社的一个普通职能部门，任务是为编辑工作服务，做好出版发行及后勤服务工作。①

报纸广告在新中国成立初期的发展曾引发政治性批评。《人民日报》1955 年 6 月 18 日刊登署名为包全的《反对刊登广告中的铺张浪费现象》一文。文章认为在"许多产品是由国家统一分配"的情况下，很多广告没有必要；刊登广告版面过大"表现了资产阶级的浮夸作风"；"党报和人民的报纸并不是什么普通的企业单位，它们首先是政治的机关。报纸上刊登的一行一字，都要经过政治上的考虑，对于广告也不例外"。"文化大革命"期间，广告被当作"封资修"来批判，更认为是"资本主义的产物"、"资本主义的生意经"。《四川日报》广告版面最少时仅剩下 4 厘米高的影剧广告，从 1967 年 6 月 7 日到 1972 年 4 月 9 日，长达 1768 天的日子里，广告完全绝迹。②

报纸发行量是报纸影响力与覆盖面的重要指标，是实现报纸宣传功能的重要保证。报纸发行在解放初期的二三十年间备受重视，党报的政治意义转换为党报发行的重要性和必要性，党报发行成为各级党委、宣传部门的政治任务。发行的主体变为各级政府组织，报社本身的发行经营反而被弱化。1950 年 5 月 24 日，湖北省委在《关于执行全国新闻工作会议加强报纸工作的决议》中提到："《湖北日报》为省委机关报，省委为了通过《湖北日报》指导工作，加强党与群众的联系，各级党政军民机关，必须按省委规定订阅适当数量，反对单纯的脱离政治的节约观点。我们规定今后最低限度，每个乡政府，要订一份《湖北日报》，目前每小区工作组最少应订一份湖北日报，每区最少要订三份《湖北日报》。"③ 发行党报成为各级政府的政治任务以后，同级政府间甚至开展发行报纸"竞赛"，全国

---

①　钟沛璋主编：《当代中国的新闻事业》，当代中国出版社 1997 年版，第 646 页。

②　四川省地方志编纂委员会：《四川省志·报业志》，四川人民出版社 1996 年版，第 315 页。

③　《省委关于执行全国新闻工作会议加强报纸工作的决定》（1950 年 5 月 20 日），《湖北日报史料》第 1 辑内部资料 1984 年版，第 40 页。

报纸发行量一路飙升，在"文化大革命"结束时达到高峰。从图3-1中我们可以清楚地看到报纸发行量的走势。

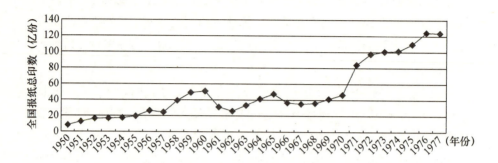

图3-1　全国报纸总印数走势（1950—1977年）

《人民日报》"文化大革命"期间发行500多万份，1979年到达顶峰619万份。报纸发行量的上升无疑增加了报社收入。但从报纸订费来源看，当时的发行收入与现今的发行收入基本没有共通之处："报费从办公费中开支，区以上的报费由省府财政厅负责扣出转交报社。乡级从地方粮办公费中开支，各县应统一调查确定订报数量，由县报告专署，统一由专署扣出转交报社。"[1] 报纸发行收入是一种曲折形式的国家财政支付，是从一个口袋到另一个口袋。据此，梁衡对这个时期发行的评价是："公款办报、公款订报模式逐步形成，报纸的商品属性已逐步萎缩，到后来几乎不复存在。"[2]

第二节　单方博弈：实现政府最大收益

总体性社会中的国家与社会高度重合。"高度集中的计划经济体制和高度集权的政治体制，使得国家权力渗透到社会各个领域，整个社会从个人到组织都成为缺乏独立性和自主性的国家附属物；社会的权力被国家收

---

① 湖北日报新闻研究室：《省委关于执行全国新闻工作会议加强报纸工作的决定》，《湖北日报史料》第一辑，内部资料，1984年，第41页。

② 转引自吴信训、金冠军主编《中国传媒经济研究：1949—2004》，复旦大学出版社2005年版，第5页。

走，社会缺乏必要的活力和张力，内部分化不明显、不充分，整个社会始终没有形成自我发展、自我约束的完善机制。"① 在这种全能主义国家体制下，政府驱使大众媒介投身各种政治运动之中，报社缺乏与政府博弈的基本条件。即便在形式上出现某种政府与报社的博弈格局，由于博弈规则由政府单方面依恃权威规定，报社无法参与协商，只有接受；有时甚至不存在规则，政府官员通过文件或者口头指示随意对报社活动进行安排。丧失自主性的报社，不具备与政府博弈的可能，服从与接受是报社的唯一可以选择的策略，因此本书将这个阶段的博弈格局称为单方博弈，单方博弈的格局实现了政府利益最大化。

一　单方博弈格局的确立

我国效法苏联模式建立党报模式，苏联对我国的影响是全面的：在所有制上，新闻媒体全部国有，新闻机构全都是国家事业单位。在媒介管理上，高度集权，国家没有新闻法规，党的决定便是法律。在媒介功能上，只重宣传，新闻的选择服从宣传鼓动的需要，报刊的其他功能都被淡化，中央一级报刊一般不登广告，信息传播取决于执政当局的政治需要。② 在确立报纸单一属性的基础上，奠定了政府与报业之间管制与被管制的关系。

从 1949 年到 1978 年，在计划经济的大背景下，报社活动空间完全受制于党委的安排。政府与报社权力不对称类似于冯·诺依曼在《博弈论与经济行为》一书中列举的"鲁滨逊"与"星期五"所组成的博弈格局。鲁滨逊恩（救命之恩）威（火枪）并施获得领导人（主人）的"合法性"地位，"星期五"只能听命于鲁滨逊，履行"仆人"的职责。政府与报社基本上是领导者与跟随者的关系。政府通过法规、行政命令对报社进行单向度的规制，报社只能听命于政府的安排，本身无任何的反制能力（见图 3 – 2）。

图 3 – 2　计划经济下政府与报社的关系

① 臧乃康：《统治与治理：国家与社会关系的演进》，《理论探讨》2003 年第 5 期。
② 张允若：《外国新闻事业史》，武汉大学出版社 2000 年版，第 207 页。

就如徐光春所言，"解放以后，我们的经营工作基本是不搞的、我们当时党的方针报纸是阶级斗争的工具，完全靠党和政府的拨款来搞宣传"。① 在全能型政府的安排下，通过不平等的权力配置，报社或者说媒体基本等同于政府的一个部门，失去了包括经营在内的自主权。"新闻工作者必须作为党的'驯服工具'，既是工具且又要驯服，已无一点主体意识可言，根本没有什么独立自主的可能。"② 新闻人驯服工具的地位以及报纸阶级斗争工具的定位，使报社对政府的制度性安排没有任何的选择余地，报社是被管理的角色，对制度并没有任何选择。在这个时期虽然有博弈格局的存在，但对报社而言，没有其他的博弈策略，能且只能顺从政府的制度安排，构成由政府完全主导的单方博弈格局。

二 单方博弈中的政府行为

国家权力的扩张、社会张力的消退形成了总体性危机：社会的高度联动性往往成为政策制定的优先考虑，在很大程度上窒息了对政策创新的创造性思维能力。③ 政府担心社会任何部分的波动都会造成全局性的影响，对于社会稳定有着前所未有的追求，各种行业"各据其位"是政府追求稳定的体现。这一时期对于政府和报社来讲，制度选择空间都极为有限，从某种程度上来说，甚至是"不可选择"。④

（一）单方博弈是政治需要

在总体性结构下，政府对于计划的刚性要求强烈，不容许任何组织或者基层单位有计划外的活动，对于稳定的考虑超过其他一切追求。单方博弈格局对于政府有利之处在于，将报社——舆论工具牢牢地控制在手中，为政府所进行的政治活动鼓与呼。新中国成立后，频繁的政治运动使报纸成为思想斗争的重要阵地，报纸能够发起运动、推进运动、引导运动。在反右、大跃进、"四清"、"文化大革命"等政治运动中，发挥了巨大作

---

① 《徐光春同志在"面向21世纪中国报业经济发展研讨会"上的讲话》，《中国报业》1997年第6期。

② 童兵：《主体与喉舌：共和国新闻传播轨迹审视》，河南人民出版社1994年版，第107页。

③ 孙立平、李强等，中国战略与管理研究会社会结构转型课题组：《中国社会结构转型的中近期趋势与隐患》，《战略与管理》1998年第5期。

④ 不可选择表明自我的不自由。不可选择存在于每个历史阶段中，它的形成并不表明这种不可选择具有一定的明证性；相反，许多不可选择的东西往往是一种不科学的，甚至是反科学的。参见周书俊《选择论》，中央编译出版社2006年版，第53页。

用。报社在党委的直接掌控下运行，政治运动的频繁使得对于报社的领导管理难以放松。在政治运动中，《人民日报》的头条、社论以及重要新闻都需要中央领导审阅，一些重要文章甚至由领导人亲自撰写。运动持续强化意识形态建设的要求，报纸内容被不恰当地重视起来。

全党办报使得报纸处于党委的绝对领导之下："山西省由过去委托宣传部领导，事实上是宣传部的一个工作部门，改为党委的一个工作部门，直接由党委来领导；由省委秘书长兼任《山西日报》总编辑，由省委第一书记分工直接领导报纸。"[①] 在这种情况下，报社的自主性被严加限制，组织性、纪律性被反复强调。政府对于报纸的定位并不含有经济考量，报社只能在既定的框架内完成党委安排的工作。

（二）单方博弈是经济需要

这个时期报社是"非经济"的，但对于社会主义经济建设却有重要的作用。在计划经济中，缺乏必要的激励，"在企业内部的工人工资秉持平均分配，也失去了对于工人进行绩效管理的基础。激发工人劳动积极性的唯一办法，就是强化工人是企业的主人翁，将自己的利益等同于企业和国家的利益。政治工作就是适应这种生产需要、降低生产成本，使工人焕发生产积极性的一个可行的办法"。[②] 报纸经济报道的主要职责是报道企业中的先进个人和集体，以"榜样的力量"来鼓舞工人的生产积极性；甚至发起生产竞赛来提升企业生产效率。依靠各种方式的宣传鼓动，在非物质刺激的作用下，计划经济依然能够保持相对较高的发展速度。

在政治运动以及计划经济的双重要求下，报社的宣传、组织、鼓动、引导功能被强调，对于政府而言，报纸的最大效益就是实现政府在政治、经济上的要求。报纸运行只要实现了这两个领域的既定目标，政府利益就可达到最大化。报纸本身的营利功能固然在一定程度上能够减轻财政负担，但势必影响报纸致力于扮演单一政府工具的角色。因此，政府将能"造血"的"新闻纸"改造为只需接受"输血"的"传单纸"，有利于政府利益最大化。

三　单方博弈中的报社行为

总体性社会，从价值取向上看，是要实现国家对整个社会生活的全面

① 陶鲁茄：《党委要把机关报紧紧地掌握在自己的手里》，《新闻战线》1958 年第 7 期。
② 李凤圣：《中国制度变迁博弈分析（1965—1989）》，博士学位论文，中国社会科学院，2000 年。

控制，通过国家政权的作用与社会高度同质化、一体化，从而使国家的目标与社会的目标在任何一个过程和细节都步调一致。因此，所谓的制度创新的主体仅仅是针对中央政府而言的，中央政府之下的各级政府及企事业单位并不存在创新的空间，报社也不例外。

（一）政治环境限制报社创新

严苛的政治环境以及对报纸政治属性的强调限制了报纸创新的空间，报社除了依从计划与安排之外并不存在与政府谈判的可能。报社领导任免不以经营业绩为考量标准，而只是检查对于现有宣传任务的执行力，从而降低了报社进行经营的主动性。如果我们把功能输出和维生机制的运行比喻为新闻机构工作的两手，那么可以说，这两手是一手硬、一手软。新闻机构不具备产生自身生存的各种必需条件的机制，完全依靠党政力量从外部为其输入生存条件。① 在政治运动连绵的 20 世纪 50—70 年代，政治上的风云变幻使得媒介应接不暇，对于内容的把握是社长和总编的首要大事，报社管理人员尚且难以自保，更没有余力去顾及经营。报纸的经营活动本身的经济因素与报纸的政治属性之间的差异，也不时受到诟病。如 20 世纪 50 年代后期至 70 年代末，《安徽日报》正常开展广告业务有时也会受到干涉和批评，有的人把报刊社组织创收视为"资本主义经营"，是"向钱看"，使负责报纸经营的人员成天提心吊胆。② "文化大革命"期间，各类广告均遭歧视。认为报纸版面用来刊登广告是"不务正业"、"不宣传革命"，工商广告更被斥为"资本主义产物"，要一刀砍掉。

（二）经济环境限制报社创新

抛开政治因素，从经济环境来看，报社也缺乏经营动力。其一，市场环境不具备。对于报社而言，广告收入是重要资金来源，但是计划经济体制下，商业广告是可有可无的东西。除了电影戏剧广告外，其他行业很少刊登广告。如《四川日报》尽管积极开辟省内外广告来源，终因受经济环境影响，工业"愁产不愁销"，商业"盈亏在国家"，谁都不愿花钱登广告。在三年困难时期，工农业生产和市场购销均不景气，报业经营受到制约，原本很小的广告栏，也经常"食不果腹"。其二，在一切靠计划的情况下，无论是纸张的供应还是报纸的售卖，必须依靠国家的统筹安排，

---

① 屠忠俊：《新闻业管理学导论》，《华中理工大学新闻系讲义》，1990 年，第 16 页。

② 安徽省地方志编纂委员会编：《安徽省志》，方志出版社 1998 年版，第 368—382 页。

纳入国家计划之内；报纸即使获取了一定的利润，那么这部分利润也必须上缴国家财政，报社本身没有多少经济运营空间，党报的财务管理实行"统收统支"，收支两条线。报纸经营收入在抵付日常开支后，剩下的全部利润，悉数上缴财政。报社基本建设和技术改造所需费用，另造预算上报审批，再由财政拨款。这样的体制下，报社失去了自主成长的动力。其三，报社的事业体制使得报社可以不顾及经营。这意味着报纸出版是不计成本的，某些企业亏损，还有荣誉上的损失，而报社亏损，似乎是天经地义的。报社固定资产由国家投入，而流动资金一部分由国家拨付，另一部分则依靠党委发行来回收。报社只需要产出宣传效益，这就是政府认同并接受的报纸运作模式。

四　指令与听命：单方博弈的均衡格局

单方博弈与其他博弈模式的根本区别在于，单方博弈只存在一个决定博弈结果的参与人。虽然报社与政府存在形成博弈格局的可能性，但只有政府策略可以大行其道，报社作为博弈方没有选择策略的空间。政府策略选择只考虑自己的目标函数以及偏好，对其他博弈方的利益不予考虑，博弈均衡就是政府利益最大化。政府根据国内外环境的变化，进行自己的理性判断，进而作出改变或者维持现有报业制度的决策。在政府发出制度变迁指令后，报社只能听命于制度安排，或立即落实制度，或经过调整取得落实制度的条件，实现政府的制度安排。

单方博弈的博弈行为更多发生在政府与"自然"——虚拟参与人之间，依据博弈论中的"海萨尼转换"，"自然"是虚拟参与人（pseudo‐player），他在博弈的特定时点上以特定的概率选择随机行动。这里的"自然"更多的是指中央集权式管理制度以及计划经济下所必然导致的社会无序的可能性。在本书所提及的单方博弈中，政府正是利用报社与总体性社会强调自上而下的计划、缺少必要的物质激励以及人们的懒惰天性而必然产生的社会无序进行博弈。此时的博弈更多发生在政府与社会之间，是一种典型的单方博弈形式，政府利益最大化是政府的博弈目标。

单方博弈格局如图3-3所示，具体博弈状况分述如下：

（1）如果政府满意报业现状，政府倾向于维持现有报业格局，不会产生制度选择行为，政府、报社的收益为（0，0），双方都无收益。

（2）如果政府不满意报业现状，就会依据社会现实，调整报业相关制度。政府指令对于报社有强制性，报社必须依照指令接受制度安排，政

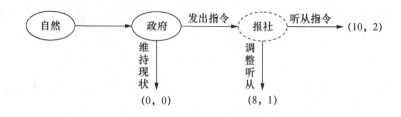

图3-3　报业制度单方博弈①

府与报社的收益为（10，2）。政府从报业制度对社会的总体影响中得到预期最大化收益，如强化意识形态、增强组织动员能力等。政府为让报社履行新的安排，必然在物质资源方面予以支持，因此报社也有微小的得益。政府、报社收益大小虽差异明显，但毕竟都有所收益。

（3）如果报社一时难以完成政府指令，报社也必须积极进行调整，尽快地完成政府指令，这时政府、报社的收益是（8，1）。政府得到报社的主动配合，能够实现大部分预期收益，巩固自身权威。报社通过积极行动获取政府理解，也会获取收益。当然，如果报社选择"调整听从"策略，经过一段时间，必然向"听从指令"的博弈策略移动，最终实现政府的最大收益。报社没有反抗余地，也没有讨价还价的空间。

因此，在一个较长时间段内，政府与报社的博弈格局必然是（发出指令、听从指令），在总体性社会中，这是政府、报社博弈格局的唯一解。政府发出指令的原因完全是出自管理社会的整体需要，政府收益最大化是作出指令的依据，并不会顾及某一具体行业的特殊性。报社的唯一博弈策略也非自主而为，是政府借助新闻体制诉诸权威实现的。对于报社而言，所有的报业制度安排都是为了实现党对于报社的绝对领导，从而实现政府的宣传目的，至于报社有没有其他功能，政府完全不考虑。由此可见，政府、报社之间虽然有博弈格局的存在，但报社除了"听从指令"这个唯一的策略集外没有其他选择，事实上报社是"没有选择"，在报社与政府博弈过程中博弈的互动性并不存在。

---

①　本模型将博弈收益取0—10的自然数，0为没有收益，10为最大收益。根据博弈方的策略、行为、偏好，比较得出各自收益值。用数字表示收益值能以抽象形式说明博弈主体收益的相对差距。收益数字本身是多少并不重要，关键是收益数字对于这一博弈格局的解释力和适用性。

第三节　1949—1956年：单方博弈终结

报纸产业化进程

新中国成立伊始，财政状况极度紧张，生产、交通、教育都处在恢复阶段，物价上涨影响报纸的经营发行（当时纸价一般占报纸总成本的70%），部分报纸分工不合理，多数报纸经营不善，各地报纸普遍发生严重的赔耗现象。① 在出版总署的推动下，报社实行"企业化"的经营方针。随着总体性社会结构的确立，报社企业化进程被中止。唐绪军认为1950年②开始的这次报社"企业化"经营是中国共产党在"新的环境下对办报方式的一次探索"。③ 张辉锋认为这个阶段是"传媒经济蹒跚起步、中国传媒经济的发端"。④ 董天策认为："由于事业体制意识的限制及措施上的局限性，这次探索并未能改变整个报业的非经济化特征，而且以失败告终。"⑤ 无论学者对这一阶段的评价如何，但大都有一个基本的认同，即1949年末到1956年是我国报纸产业化的萌芽期。

与诸多学者不同，笔者认为这次报社"企业化"与其说是起步，不如说是延续更为恰切。这次报纸"企业化"首先应该是战争年代旧有报业体制的延续，而非新探索。私营报纸本来存在报业的经营活动，共产党在重庆创办的《新华日报》也十分重视报纸经营。新中国成立的各项政策都显示了对于既有政经格局有选择地继承的一面。进一步分析可知，延续或许只是表面现象。本质而言，报社经营活动各项政策整体上是"收"而不是"放"，如"报纸分工"、"地方报纸地方化"的规定；定额发行收缩了报业的零售市场以及报纸的自由竞争，这一系列的措施显示了报纸经营的收紧，由此实现了"报业经济由多元化经营向单一化经营方向发

---

① 方汉奇：《中国新闻通史》，中国人民大学出版社1999年版，第43页。

② 1949年12月17—26日，出版总署召开了全国报纸经理会议，学界大都将这一会议视为企业化的起点。这次会议的时间处在1949—1950年交界点上，因此有的学者认为企业化从1949年开始，有的学者认为从1950开始，在此并没有差别。

③ 唐绪军：《报业经济与报业经营》，新华出版社1999年版，第107页。

④ 张辉锋：《传媒经济学》，南方日报出版社2006年版，第82页。

⑤ 董天策等：《中国报业的产业化运作》，四川人民出版社2002年版，第325页。

展；报纸的所有权由分散到集中；报纸的生产与发行分离"。① 总的趋势是由多种形式报纸并存向单一党报体系过渡。

从延续向过渡的转换，包裹着政府在经济和政治的双重诉求，以单一报社经营行为的有无来评价 1949 年末开始的报社"企业化"，难免有简单处理之嫌。本书认为，1949 年末开始的报社"企业化"显示了单方博弈的典型特征，政府的策略主导了整个报业的变化，对于报社而言，要么进入党报体系，要么关门停业。其结果是：旧有体制下的报社或者不适应新的报业形势自动关门，或者更换门庭，进入党报体系，实现了"平稳过渡"；而党报体系在这次"企业化"进程中也完成了网络建设，形成了社会主义报业体系。从这个角度来说，这次"企业化"非但没有失败而且是非常"成功"的。就如 1954 年 8 月《中宣部关于统一和加强国营、地方国营、公私合营报社、杂志社、出版社企业管理的指示》所指出的："加强新闻出版单位的企业经营的管理的目的，在于保证这些单位完成自己政治任务；同时在于使这些企业能够尽可能地为国家节省和积累建设的资金。"完成政治任务被置于节省资金之前。

一　财政窘迫下的权宜之计

从 1949 年末开始的报社"企业化"，政府在报纸产业上考虑的不是营利，而是减轻国家财政负担。1949 年 12 月 17—26 日，出版总署召开的全国第一次报业经理会议提出：报纸存在很多问题，如全国报纸分工不合理；公营报纸只管伸手向国家要钱；缺乏领导，无政府现象严重，如用纸问题表现突出。② 为此，这次会议作出了《全国报纸经理会议的决议》，决议认为条件好的公营报纸应争取自给，办法是报纸定价不低于纸张成本，多登有益的广告，报纸发行逐步交邮局统一办理，以减少发行上的开支与损失，健全会计制度，消灭浪费，缩裁冗员。随后，中共中央批转这个决议，并指出：凡在实行上述办法后仍不能自给的报纸，均由政府新闻行政部门与财政部门在审核报社预算后实行定期、定额的补贴制度，废除许多地方予取予求的单纯报销制度，以减轻国家财政负担。

---

① 宁启文：《1949—1956 年大陆报业企业化经营概述》，《新闻与传播研究》2001 年第 2 期。

② 参见吴信训、金冠军《中国传媒经济研究：1949—2004》，复旦大学出版社 2005 年版，第 2 页。

（一）减轻财政负担

1950 年巨大的办报费用对于新中国成立初期的政府是不小的负担，利用报纸的现有功能招揽广告、减轻政府负担是这次改革的重要动因。据 1950 年 3 月，中央人民政府新闻总署在北京召开的全国新闻工作会议统计：当时全国共有报纸 253 种，其中日报 170 种，公营报纸近 200 种。这近 200 种报纸还延续着 1949 年以前实行的"供给制"政策，使财政面临极大困难。物价上涨，再加上随着报纸种数的增多，增加设备等各项支出又是一个庞大的数字，财政根本无力负担。另外，百姓购买力有限，且报纸发行不够广泛，发行收入不大。据《人民日报》等 16 家报纸不完全统计，每年赔耗达 5000 万斤大米，按当时包干制计算可供给约 38 万人一月之用。① 1950 年，中宣部发出的《关于报纸实行企业化经营情况通报》指出："报纸企业化经营方针是完全正确的，可以实现的。"具体做法是：适度提高报纸定价，以回收报纸的部分生产成本；进行广告经营，减少政府财政补贴的数额；降低成本如使用国产纸张、紧缩编制、健全财会制度等。②

（二）降低发行成本

报纸发行制度率先改进。苏联模式的"邮发合一"被引入报纸发行符合社会主义整体经济利益。"各报社如果仍然各搞一套，在人力、物力、财力上都是严重浪费，不符合社会主义全局一盘棋和计划经济按比例发展的原则，而且这种局面是不能长期维持下去的。"③"邮发合一"的措施废除了根据地时期免费分配报纸的做法，邮政发行网络解决了报社发行到边远地区的困难，降低了发行成本，增加了发行收入。《新湖南报》创刊时订户仅 230 户，创刊号只印 487 份，至 1949 年底，突破 2.4 万份。交邮局发行后，1950 年底突破 5 万份，1955 年 3 月突破 10 万份，1960 年 3 月突破 20 万份。④《南方日报》也有类似的增幅，1950 年 5 月 1 日开始，遵照出版总署与邮电部关于"邮发合一"的指示，《南方日报》国内发行工作全部划归邮电部办理。半年后，《南方日报》日发行量增加到

---

① 宁启文：《1949—1956 年大陆报业企业化经营概述》，《新闻与传播研究》2001 年第 2 期。

② 方汉奇、张之华主编：《中国新闻事业简史》，中国人民大学出版社 1995 年版，第 387—413 页。

③ 刘选业、王永中：《中国邮政发行报纸概况》，《中国新闻年鉴》（1982 年），第 60 页。

④ 湖南地方志编纂委员会：《湖南省志第二十卷新闻出版志·报业》，湖南出版社 1993 年版，第 476 页。

51530 份；1952 年"土改"结束后，发行量达到 107578 份。① 邮发网络的统一解决了各报发行网络重复建设问题，在整体上减轻了全国报纸的运营费用。统一的发行费率降低了报社的发行成本，1952 年发行费加邮费占定价的 35％，1953 年则降为 25％。"邮发合一"与计划发行、预订制度的施行降低了报纸的无效印数，在一定程度上减少了新闻纸的损耗。计划发行使报业进入无竞争状态，降低了营销成本。

"邮发合一"对于邮政业务也有重要作用：（1）在报纸要求高度时间性的督促下，邮路开辟加快，带动了一般邮件的速度；（2）解决了报纸下乡的问题，同时也解决了信函下乡的问题；（3）投递报纸是最好的检查工具，报纸天天有，可以经常检查是否迅速、准确；（4）便利人民订报，也便利开展其他邮政业务。② "邮发合一"给政府、报社和邮政三者都带来经济上的利益，"邮发合一"的施行恰是解决当时财政状况困难、构建稳定社会秩序的重要措施。

（三）补贴办报资金

广告收入是报纸获取利润来源的重要渠道，20 世纪 50 年代初期，社会制度的变革和薄弱的经济基础，制约了民营报纸的工商广告来源。各级党委机关报的广告发布，必须为无产阶级政治服务。以《四川日报》为例，首先保证刊登政府机关的通告、公告，用广告方式及时、广泛地传播党的方针、政策、法令、规章。1952 年 9 月 28 日创刊不到一个月的《四川日报》公布广告刊例："本报广告如遇拥挤或有政府、机关有时间性之广告时，得变更其形式或缓期刊登"，"除政府机关通告、公告外，一般启事广告不得超过广告栏篇幅的 1/4。"③ 当时《四川日报》广告栏的篇幅约占一个版的 30％。广告刊费分 5 类计价，其中机关广告收费要比一般启事和工商广告低 10％—20％，有的广告甚至可免费刊登，如革命军人（包括志愿军）登报寻找家属；按旬公布 1950 年发行的"人民胜利折实公债"牌价；公布金银外币牌价等均不收刊费。1955 年 12 月 16 日，国家文化部还发函各报重申"报纸刊登金银外币牌价应作消息看待，免

---

① 南方日报社史编辑小组：《南方日报社史》，内部资料，1992 年，第 20 页。

② 《邮电部部长朱学范在全国发行工作会议开幕式上的报告（摘要）》，《中国报刊发行史料》第 1 辑，光明日报出版社 1987 年版，第 157 页。

③ 四川省地方志编纂委员会：《四川省志·报业志》，四川人民出版社 1996 年版，第 286—315 页。

费刊载。"① 即便如此，新中国成立初期，广告依然为报社带来了资金上的补充。《皖南日报》1950 年上半年广告收入为 7180 多万元（折合现在的人民币约 7180 元），占报社整个收入的 20.48%，比 1949 年前后 4 个月广告收入增长 5 倍。②

多种经营是报社资金的另一重要来源，《河北日报》为了解决经费不足的问题，报社自办或与其他单位合办了一些企业，以厂养报，统收统支。比如河北日报承印所、公益机米厂、河北日报门市部、河北织染厂、猪鬃厂等，在新中国成立初都是盈利的。《四川日报》1952 年创刊后，积极发挥设备潜力，努力开展社会承印业务，收入大增，除满足办报费用外，一年还能积余数十万元。"邮发合一"降低发行成本、提高发行效率，加之开展广告、多种经营使得报社收入来源多元化。尽管地市级党报仍然依靠财政拨款，但到 1953 年为止，《人民日报》等中央报纸和部分省级报纸相继扭转了亏损状态。

二　报社企业化的政治诉求

从 1949 年末开始的"企业化"使报社经营稍有起色，但完成社会主义改造后，报社自身所显示的造血功能并没有被政府所看重，对于报社的定位、报纸属性的认知仍从政治需求着眼。从这个角度来看，报社企业化的本质动因并非单一的经济因素，政治诉求的实现更为政府看重。

（一）提高宣传效率

实施"邮发合一"尽管在表面上来看是鼓励发行，但"计划发行"的思想是明确的。1952 年 12 月《中共中央关于报刊发行问题的指示》③提出，"为了使我国各种出版物的出版和分配更加合理，减少编辑力量、印刷力量、发行力量、纸张以及读者购买力和阅读时间的浪费，避免积累和强迫摊派现象，有计划配合国家经济建设和文教建设，必须进一步地实行报刊、期刊、书籍的计划发行和预订制度"。但是"报刊发行地区、计划中的全年每期发行份数、计划中的预定和零售的比例都必须交由中宣部批准"，而且规定，"未经报告中央宣传部和出版总署批准，不得自行增

---

①　四川省地方志编纂委员会：《四川省志·报业志》，四川人民出版社 1996 年版，第 286—315 页。

②　安徽省地方志编纂委员会编：《安徽省志》，方志出版社 1998 年版，第 368—382 页。

③　《中共中央关于报刊发行问题的指示》，《中国报刊发行史料》第 1 辑，光明日报出版社 1987 年版，第 10 页。

加发行份数。在中央宣传部对这些报刊的发行份数未核定前，各地报纸、期刊应一律维持目前的发行份数，勿再自行增加"。这个指示对报业发行进行了严格的限定，特别是对报纸每一期的发行量作以约定，说明这一阶段中宣部、出版总署显然并没有看重报纸发行利润，有些报社想通过邮局多发行报纸，邮电部门和出版总署却并不鼓励这种做法。1953 年 10 月 8 日，邮电部党组和出版总署党组向毛泽东和党中央作了关于报刊发行工作的请示报告，① 报告中也提到这样一些情况，如"有些报社总希望发行得多些，还常与邮电部门有矛盾"。

"邮发合一"在经济上无论对于报纸发行成本还是报款回收上都有所助益。然而更重要的是"邮发合一"所带来的政治效益或者说宣传效益。党报发行一直为中国共产党所重视，其意义最早应该来自列宁对于党报发行的论述：有组织地去做网一般的发行工作，以便迅速地适当地分配宣传品、传单宣言等，便是做了最后示威暴动准备工作的大半。② 列宁将发行工作与能否组织革命活动紧密地联系到一起，深深影响了中国共产党的革命实践，无论是在敌占区还是根据地，发行工作都带有鲜明的革命目的与政治色彩。1930 年 3 月 26 日《红旗》第 87 期题为"提高我们党报的作用"的文章中对于党报发行有着深刻的认识："目前中国党报在全国广大群众中还不能起有力的领导作用，其中一个最根本的原因，就是没有建立普遍全国的发行网。这种现象是不被允许的，尤其是到中国革命继续扩大发展的时候，扩大党报的发行成了一个迫切的亟待解决的问题。"③

新中国成立后的一个相当长的时期表现为，"政府的当务之急就是向全体民众说明推翻旧社会的必要性，同时论证新社会的合理性，为新政权进行合法性的论证。利用报纸进行灌输与宣传成为政府的重要工作"。④迅速建立全国范围内党报发行体系、扩大宣传范围、提高宣传效率是当务之急。确立"邮发合一"不仅是经济上的诉求更重要的有政治上的需要。邮电部部长朱学范在全国发行工作会议开幕式上说，"'邮发合一'的决

---

① 《中共中央关于转发邮电部党组和出版总署党组关于报刊发行工作的报告的指示》，《中国报刊发行史料》第 1 辑，光明日报出版社 1987 年版，第 15 页。

② 《中国共产党党报的发行问题》，《中国报刊发行史料》第 1 辑，光明日报出版社 1987 年版，第 327 页。

③ 同上书，第 328 页。

④ 张昆：《大众媒介的政治社会化功能》，武汉大学出版社 2003 年版，第 415 页。

定是在什么情况下作出的呢？那时候解放战争在大陆上已经取得基本的胜利，全国人民觉悟程度提高，经济与文化事业日益恢复与发展。因此，在这种情况下无论开展对敌斗争或生产斗争或其他工作，都需要大量的报刊在思想上去指导群众。客观形势要求报刊的发行量大量发展，而'邮发合一'的方针是针对这种要求报刊大量发展的形势下决定的"。①

"邮发合一"涉及报社、邮电部门以及政府各个环节。鉴于发行的政治重要性在实践中并没有得到足够的重视，1951 年 3 月 10 日，《人民日报》发表了题为"改进报刊发行是重要的政治任务"社论，鲜明指出"人民报刊发行工作，在本质上是一个思想传播工作，人民对于报刊的要求，主要是从报刊上了解人民政府……世界上再没有一种宣传工具能比报刊更大量，更迅速而又正确地影响群众的。因此，报纸发行是严肃的政治任务"。针对部分地区和人员认为报纸发行是"拣了一根瘦骨头"是"赔钱业务"，社论认为这是错误的"单纯的经济观点"，不认识发行的重要性，不了解人民邮政光荣的地位和它应当负担的光荣任务。

"邮发合一"使报纸发行速度以及发行面迅速增加。以《河北日报》为例，1949 年 8 月创刊时自办发行，平均每期发行 6.2 万份，报纸发行到村，慢的要 10 天以上。从 1950 年 9 月 1 日起，实行"邮发合一"，该年年末，报纸发行量显著增加，报纸投递一般做到报纸到县以后隔日到村。从《河北日报》采用"邮发合一"的状况来看，首先是报纸的发行量显著增加；其次，借助邮政网络，能够高效联系最基层的组织。这对于及时有效宣传党的政策有十分积极的作用。"邮发合一"使全国报纸发行总量迅速增加，由 1950 年的 230 万份上升到 1956 年的 1537.8 万份（见图 3－4）。

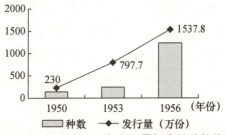

图 3－4　1950—1956 年发行量与发行种数趋势

---

① 《邮电部部长朱学范在全国发行工作会议开幕式上的报告（摘要）》，《中国报刊发行史料》第 1 辑，光明日报出版社 1987 年版，第 152 页。

报社"企业化"通过相应措施减轻财政负担，其权宜性的一面表现为：当财政紧张的状况一旦消除，相应的各种经营措施也就不再实行。如《河北日报》办的多种经营企业尽管获利不菲，但均在 1952 年左右奉命转交给其他经营单位。广告指标显示，在报社"企业化"过程中，报业市场逐渐萎缩，以上海市为例，1954 年上半年广告登记费为 10.5 万元，下半年为 7.05 万元，下降了 33%，1955 年比 1954 年下降了 5%。[1] "邮发合一"高效发行网络建立起来了，但同时自由竞争的报业市场消失了，报社不再是发行主体而仅是编辑、生产单位，国家通过邮政系统垄断了报纸的流通。报社"企业化"中借助广告、多种经营是解决报社经济困难的权宜之策，而扩大报纸发行，建设社会主义报业体系则是长远规划。

（二）完成私营报纸社会主义改造

1950 年 3 月私营报纸有 58 家，到 6 月底，减为 43 家，到 11 月底为 39 家，到 12 月底为 34 家，到 1951 年 4 月底为 31 家，到 8 月下旬，就只剩下 25 家。[2] 私营报业在一年左右的时间内可以说是锐减。依据曾宪明的研究："中国共产党不仅没有关闭和没收全部私营报纸，对于允许继续出版的私营报纸曾给予了大力的帮助和扶持；对于这些报纸也没有采取一律'禁止'和'命令'的方式改造，而是在充分尊重它们的自觉自愿的基础上进行社会主义改造的。大陆私营报业的消亡形式是多种的，自动停刊是其主要形式之一。"[3] 尽管在形式上私营报刊停刊多是由于经营难以为继，但从深层原因来看，报社"企业化"客观上使得私营报刊赖以生存的报业市场萎缩甚至消失应是它们自行停刊的主因。

广告是私营报业生存的经济主支柱。旧中国私营报纸的广告版面常常占报纸版面的 40% 以上。新中国成立初，工商业活动处于萧条期，工商业广告刊登有限。计划经济的建立使多数公营企业不再刊登广告，广告在国民经济中的地位明显下降。例如，上海 20 世纪 50 年代初期广告费不是随国民经济的发展而上升，而是呈下降的趋势。[4] "私营报纸的广告收入

---

① 刘林清、陈季修：《广告管理》，中国财政经济出版社 1989 年版，第 67 页。

② 孙旭培：《解放初期对旧新闻事业的接收和改造》，《新闻研究资料》第 43 辑，中国社会科学出版社 1988 年版，第 61 页。

③ 曾宪明：《解放初期大陆私营报业消亡过程的历史考察》，《新闻与传播研究》2002 年第 2 期。

④ 黄升民：《中国广告活动实证分析》，北京广播学院出版社 1992 年版，第 13 页。

从解放前的占营业收入的70%以上，降为新中国成立初期的不足1/3，经济支柱倒了半边，难以支撑报业生存。"① 鼓励党报进入在一定程度上进一步分流私营报纸的广告来源。此时，广告主的构成变化对私营报纸更为不利。"西南区反映，广告的重要刊户，如政府机关的公告，从来不在私营报上刊登，国营公营企业刊登得也不多。"② 随着三大改造的逐渐进行，私营企业越来越少，广告市场越来越萎缩，私营报纸希望依靠广告维生几乎不可能。

在报纸的零售市场上，私营报纸多建立有自己的发行队伍，全国性的大报如《大公报》等还拥有全国性的发行网络。尽管此时人民的购买力不高，但"报业市场"还存在。随着"邮发合一"的推进，报纸的售卖变为计划发行与定额发行。计划发行对于计划的强调排除了报业的自由竞争，党报通过邮局以及地方政府合力推广，按照比例订阅报纸，报纸按计划来生产，与整个报业和其他报社的行为不产生任何关联。

计划发行对私营报纸有歧视与排斥。邮电部副部长谷春帆1951年年初指出，"各地邮局为了要发展，发行业务与私营派报业发生过矛盾，限制私营报业，甚至想要消灭私营派报经济。这种思想与做法与共同纲领所说的国营经济与私营经济分工合作共同发展的原则是不符合的。这件事经过纠正，虽然停止了，但邮局对于私营报纸思想上仍存在对立，事实上则抱了消极的态度"。③ 私营派报网络多建立在城市，尤其是大城市中，这些发行网络是私营报纸的命脉。1951年3月10日，《人民日报》发表《改进报刊发行是重要的政治任务》社论，着重阐明对私营派报业的态度，"仅据北京市邮政局的材料，证明在城市中，私营发行力量，还占有相当大的比重。北京市邮局现在共发行报纸六万二千份，其中邮局直接发行者百分之四十六，经过私营派报业发行者百分之四十五，其余为带合作性质的报童组织和单个的报童所发行。对于这样一个事实，不加以重视，不积极加以领导和改造，以壮大发行力量，是不适当的。对于已经萌芽的

---

① 曾宪明：《解放初期大陆私营报业消亡过程的历史考察》，《新闻与传播研究》2002年第2期。

② 孙旭培：《解放初期对旧新闻事业的接收和改造》，《新闻研究资料》第43辑，中国社会科学出版社1988年版，第60页。

③ 谷春帆：《邮电部全国发行工作会议总结》，《中国报刊发行史料》第1辑，光明日报出版社1987年版，第186页。

带合作性质的发行组织，应加以鼓励。对于个体的发行力量，亦应加以保护"。社论申述了两个立场：（1）私营派报业必须加以领导和改造；（2）改造后的私营派报业能够增加邮局的发行力量。"邮发合一"的有效实施伴随着私营派报业的改造活动。

计划发行的实行对于刚刚建立起来的邮政系统是一个挑战，没有余力开辟报纸零售市场。到1955年，不少省辖市和一般县局仍没有开办零售业务，而1955年分配给各省市局建立零售亭的计划都没有完成。① 私营派报业接受改造的同时，邮政发行网络迅速扩大，但零售业务的薄弱对于私营报纸而言，意味着失去另一个利润来源。广告市场的萎缩加上零售市场的消失，私营报纸几乎失去了生存的根本，弱小报纸纷纷倒闭，而私营大报则不得不公私合营进入公营报纸体系。1952年，所有私营报纸都变为公私合营报纸，后来又逐渐退还私股，成为公营报纸，实现了凡报纸皆党报的一统局面。②

1949年末实行的报社"企业化"对新闻业产生根本性影响，"共产党对新闻出版事业实行了比任何其他行业更早的公私合营"。③ 与有学者将这一时期报社"企业化"认为是报纸产业化萌芽相反，我们认为，此时政策更多显现的是从旧报业制度向新报业制度的过渡。对报纸的政策并非独立于整个政治经济体系之外，而是与《共同纲领》的过渡精神吻合。1949年9月，具有临时《宪法》作用的《共同纲领》中规定，明确私人资本主义经济是新民主主义社会的经济体制的一个部分，"各种社会经济成分在国营经济领导之下，分工合作，各得其所，以促进整个社会经济的发展"；同时第31条提出："在必要和可能的条件下，应鼓励私人资本向国家资本主义方向发展。"套用此规定来分析私营报业：首先允许在一定范围内存在，这是没有问题的；其次鼓励其进入"国营"体系。报社的"企业化"制度更多的是承接与过渡而非开端与萌芽。政府从"有限干预"转变为"政府统制"的趋势实际上在1949—1952年间就已经形成，报业改造在同时间段内完成，政府借由改造私营报纸实现了报纸职能的重

① 中国报刊发行史料编辑组：《中国报刊发行史料》第1辑》，光明日报出版社1987年版，第221页。

② 孙旭培：《解放初期对旧新闻事业的接收和改造》，《新闻研究资料》第43辑，中国社会科学出版社1988年版，第61页。

③ 同上。

新定位，在新的定位中，经济因素已经不再重要。

1949 年末报社"企业化"是政府单方推行的结果，报业对此只能适应。"邮发合一"将报纸发行收归政府以及邮政，报社不再完整地拥有整个报纸，难以实现自主经营，报纸的多样化必然走向非营利的单一党报。因此新中国成立初期的报社"企业化"是报纸产业属性的终结而非萌芽。

本章小结

总体性社会之下，社会不再拥有配置资源的权力，社会中的组织缺乏制度创新的空间。报社和政府虽构成博弈格局，但丧失自主性的报社不具备与政府博弈的能力。政府发出指令，报社听从指令就是此单方博弈格局的唯一均衡解。单方博弈格局是政府为实现利益最大化，诉诸权力而构建，包裹着政府的政治、经济考虑。在单方博弈格局下，1949 年末开始的报社"企业化"远不是有学者所认为的"产业化萌芽"，报社企业化尽管有着经济方面的权宜考量，但政府更为看重其过程中政治目标的实现。当政府借助报社"企业化"实现构建宣传网络、完成私营报社的社会主义改造、建设党报体系后，报纸产业性被迅速终结。

第四章 两方博弈：改革开放后
报业制度选择

市场的出现，促使报社从单一的政治属性转变为双重属性，报社功能趋于多样化。事业单位、企业化管理是这一时期报社的基本特征，决定着报社和政府对于报业发展有着不同的解读。1992 年之前报业制度变迁体现了诱致性变迁的特征，报社是报业制度的发起者，报社有效地利用信息不对称应对了博弈格局中的权力不对称，形成了有利于报业发展的博弈均衡。无论是报社还是政府在两方博弈中都倾向于选择兼顾双重效益，由此导致了报业制度的创新呈现渐进、增量改革的路径，制度变迁由报社边缘突破开始，最终形成正式制度。而 1992 年之后则更多显现强制性变迁特点，报业制度变迁最具代表性的是报业集团的产生，在这次制度选择中，政府一改既往默察、追认的做法，将报业集团制度的设计、试点、推广都纳入自己的掌控之中。

第一节 改革开放后报业制度安排

改革开放以来，中国社会结构最根本的变化是由总体性社会向分化性社会转变，这一变化的根本动因是经济体制的改革。[①] 而"分化"趋势主要体现在中央"计划"的削弱以及中央之下组织自主性的增加。在宏观上政治经济体制改革对于报业制度影响深远，在中观层次事业单位改革的具体执行上也为报业制度选择提供了依据与标杆。如范以锦所言："回顾改革开放以来中国报业的发展历程，每一次大的发展和跨越，都与改革开

---

① 江洪、李维岳：《社会转型与中国青年组织的分化、整合》，《青年研究》1994 年第 5 期。

放的历史进程相伴而生，报业集团发展的每一个成就，无不是外部发展环境，尤其是改革开放大环境的产物。"①

一　报业制度选择的外部环境

1978 年十一届三中全会以后，改革开始正式启动，以企业改革为先行，在经济领域强调企业自主权的扩大。十一届三中全会改革的思路是"有领导地大胆下放，让地方和工农业企业在国家统一计划指导下有更多的经营管理自主权，大力精简各级经济行政机构，把它的大部分职权转交给企业性的专业公司或联合公司"。② 与扩大企业经营自主权相对应，政府也收缩对经济控制的范围。1979—1984 年，我国奉行"计划经济为主，市场调节为辅"的经济指导原则。尽管早在 1978 年就提出报社是"事业单位，实行企业化管理"，但在这个阶段事业单位的改革并未启动，其原因在于事业单位所担负的公共服务功能在"文化大革命"中遭到严重破坏。在改革最初的几年中，事业单位功能处于恢复期，没有余力进一步调整。作为事业单位的新闻媒体，就经营而言，仅仅是恢复了广告业务，甚少有其他企业化的举措。"市场调节为辅"承认了市场的地位，恢复商品广告理所当然。

1984—1992 年，是改革的全面启动阶段。1984 年中央政府提出的"有计划的商品经济"，"政府不再是单纯采用原有的行政指令性方式行使经济职能，而是综合运用计划、经济、法律等多方面的手段"。③ 这个阶段的改革重点与 1979 年开始的企业改革相类似，以加强经济核算和扩大经营管理自主权为中心。报业制度的改革基本上与事业改革同步，甚至略微超前。在形式上主要表现为自办发行以及有限范围内的多种经营。自办发行突破了报纸生产与发行分离的现状，确立了报社重新拥有报纸编辑、出版、发行全过程的自主权，形成了"编印发一条龙，产供销一体化"。④ 多种经营在这个阶段也蓬勃发展，从局限于相关行当到跨领域经营；从小打小闹创办门市部、小工厂到大手笔的投资房地产、酒店。自办发行意味

---

① 范以锦：《南方报业战略》，南方日报出版社 2006 年版，第 16 页。

② 《中国共产党第十一届中央委员会第三次全体会议公报》（1978 年 12 月 22 日通过），http：//www.people.com.cn/GB/shizheng/252/5089/5103/5205/2001428/454803.html。

③ 高萍：《50 年来中国政府经济职能的变化与启示》，《中国经济史研究》2002 年第 4 期。

④ 《搞自办发行归根到底是为了保证党报的发行不断上升　王强华署长在全国自办发行联合会 1991 年度理事会议上的讲话（摘要）》，《报纸经营管理》总第 33 期，1991 年 8 月 8 日。

着报社销售自主权的回归，而多种经营的初衷是"以外补内"，非报业经济是重点，报业组织结构也相应做出调整。

1992—2002 年，事业单位改革深化。1992 年十四大提出"建立社会主义市场经济体制"，市场地位的提升使政府进一步规范自己的职能范围。这一阶段的改革主要有三个特点：（1）中央充分注意到了事业单位与公共权利之间的密切关系，开始把事业单位体制改革纳入到党政机构改革通盘考虑中；（2）国家开始从总体上部署事业单位改革，加强了对事业单位改革的宏观领导；（3）各部门纷纷出台措施，加大了事业单位改革的力度。① 这个时期报业制度最大的变化是报业集团的出现，报业集团是对上一时期"增量改革"的回应，与以往广告、发行、多种经营的边缘性改革相比，报业集团的改革鲜明体现了中央的整体设计和全面改革思路，其目的是确立报业主业地位。从报业集团类型来看，强调"以党报为核心"；从发展顺序来看，是通过较长时间的论证设计、试点，然后作以推广；从经济体制来看，限制了业外资本进入；从改革目的来看，报业集团建立不仅有经济原因还有着鲜明的政治诉求。在确保中央对于报社控制力的基础上，报业集团实现了报业的多元发展，革新了财政经费供给模式，调整了报业的内部组织结构。报业集团的性质就如广州日报社在成立之始总结的："是由单一型战略目标向综合型战略目标转变。最主要的功能，即宣传舆论功能，是不能变的……作为集团的整体战略目标，不应是单一的，而应是以主要功能为核心，多种功能协调发展的综合战略目标。"②

二 报社的双重属性

我国媒介（尤其是报纸）一贯担负着党和政府的宣传职能，赋予报纸浓厚的意识形态色彩，从而或多或少地影响着经济体制改革的进程。③ 1978 年，财政部批准了人民日报等首都数家新闻单位实行"事业单位，企业化管理"，报社的双重属性首先为报业制度选择提供了空间；其次报业的双重属性也决定了报业制度只能遵循渐进式的改革方式。

---

① 孔祥振：《事业单位创新研究》，博士学位论文，中共中央党校，2006 年。
② 广州日报社务委员会：《建设社会主义现代化报业集团为中国报业的改革和发展探索新路——广州日报组建报业集团的报告》，《报纸经营管理》总第 89、90 期，1996 年 3 月 15 日。
③ 陈桂兰、张骏德、赵民：《试论我国广播电视业的法制化管理》，《新闻大学》1998 年夏季号。

报社的双重属性在报业的各个环节都有所体现。报社是特殊的产业，必须坚持"两个效益"。"报社的性质属于党和国家的新闻宣传事业单位。报纸的地位和作用决定了报社不能以营利为目的，必须坚持社会效益放在第一位，报纸亏本，也要积极扩大发行和宣传效果。因此，报社是既区别于一般企业，又区别于一般出版事业单位的特殊行业。"① 报社一方面，必须履行政府喉舌的职责，实现政策宣传、舆论引导的功能；另一方面，必须借助市场，实现报社的维生与发展。报业制度选择过程中，由于双重属性的存在，对于涉及报社意识形态属性的部分刻意规避，体制外或者体制边缘的增量改革是主导思想。

三　报业制度变迁轨迹

（一）广告经营的恢复

1978 年 12 月，党的十一届三中全会给报业改革带来了发展契机。1979 年 1 月 4 日，《天津日报》拉开报纸广告的序幕；1979 年 5 月 14 日，中宣部发文正式肯定媒体恢复广告的做法；1982 年 5 月，国务院颁布了《关于发布〈广告管理暂行条例〉的通知》，广告进入法制化管理的轨道。

1993 年广告开始代理制的试点。1994 年 11 月 3 日，国家工商局、对外贸易经济合作部联合印发了《关于设立外商投资广告企业的若干规定》，明确了境外投资者进入我国广告市场应具备的基本条件。广告对于媒介的作用也逐渐显现，广告收入的增加繁荣了报业市场。从 1983—1999 年我国报业广告总额的增长情况（见图 4 - 1），可以清楚地看出广告经营恢复之后对报业发展产生的巨大推动力。

（二）发行方式的转换

恢复广告后，发行改革进入报业制度革新的视野，经济压力是改革主因。发行制度改革首先从地市报开始，其原因有：其一，地方财政有限，难以承担报纸运行的经济压力；其二，地方报纸自办发行所耗成本有限；其三，邮发费用过高、占用报款严重。率先改革的《洛阳日报》的经济状况深刻说明了这一点。

1983 年《洛阳日报》财务表明，平均发行 6 万多份，年亏损 24.6 万元，平均月亏损 2.05 万元。当时每份报纸的售价是 0.02 元，而成本是

---

① 《新闻出版业产业政策研究座谈会纪要》，《报纸经营管理》总第 21 期，1990 年 9 月 25 日。

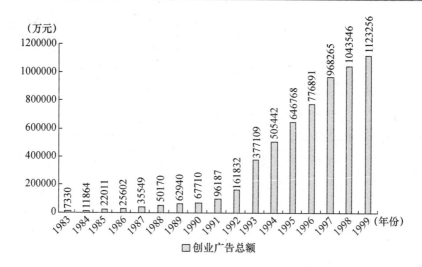

图 4 - 1 报业广告增长

0.0389 元。发行费是 0.006 元，占售价的 30%，占成本的 15.4%。[①]

在编辑费用难以削减、原材料价格看涨的情况下，只有降低报纸的发行费才能较大幅度地降低报纸成本。比提高发行费率更影响报社运转的是邮局对于报款的占用，几乎所有的邮发报纸都存在这一问题。《人民日报》报费一年几千万元，却被邮局终年占用做流动资金，发行报纸后于次月扣发行费，再分解给报社 1/12 报费，化整为零的报费还不够报社买纸用的。[②]

《洛阳日报》改为自办发行后效益明显，各地市报纷纷仿效。1988 年《天津日报》在省级报纸中率先实行自办发行。自办发行被更多报社采用时，报纸发行也逐渐过渡到邮发、自发结合方面，毕竟邮政系统的发行网络是任何一家报纸不能比拟的，尤其是它对偏远地区的覆盖。社会发行公司的进入使多渠道发行名副其实，最为典型的是北京的"小红帽报刊发行公司"。20 世纪 90 年代中后期报纸发行的变革不再拘泥于发行方式和发行手段，产业化、企业化、资本化的趋势明显。

（三）多种经营的开展

1979 年初，中央有关部门希望报社通过适度的自主经营获得一些经

① 洛阳日报社：《路在脚下延伸：洛阳日报社自办发行的实践和思考》，《报纸经营管理》总第 15 期，1990 年 2 月 25 日。

② 赫建中：《我国报业经济危机探源》，《中国新闻年鉴》（1989 年），第 131 页。

济收入，以弥补政府财政、补贴资金之不足。各报社多种经营项目多表现为利用报社现有的设备与资源的项目，如开办广告公司、印务公司、信息咨询公司。1988 年 3 月，国家新闻出版署和国家工商总局联合发出《关于报社、期刊社和出版社开展多种经营和有偿服务的通知》。明确规定"报社、期刊社举办的公司、企业，均不得从事与本身业务无关的纯商业经营"。多种经营迅速在各级报社开展起来，"据当时对 165 家报社的调查统计，已有 54% 的报社根据自身的特点，开展了诸如广告、发行、印刷、信息咨询及社会急需的服务性项目"。[1]

鉴于诸多报社已经涉足或者计划涉足其他行业，1992 年 11 月中国报协发出了有关报纸行业产业政策和体制改革的五项意见，其中一条就是"建议允许报社从事办实业、旅游业、金融、贸易、经营房地产等跨行业经营活动，不再受'与报业有关'范围的限制"。[2] 中国报业协会秘书长连福寅在 1992 年底对报业经济作出重新界定，"报业经济包括：（1）报社围绕报纸本身开展的经营活动；以及（2）报社在非报纸本身开展的经营活动，即新开发的跨行业的经营活动"。[3] 这对既有规定做出新的诠释，使报社多种经营突破了原有的经营范围。

1998 年 3 月，国家新闻出版署、国家工商管理局颁布条例，准许报纸进行跨行业活动。[4] 此后报社的股份制以及报社的上市从实质上来看只是报业多种经营制度的继续发展。1994 年《金华日报》广告、发行等经营部门与编辑部门的剥离，实行了股份制改造；1997 年《成都商报》将广告、发行等经营类业务剥离成立博瑞投资有限责任公司，在 1999 年该公司通过控股上市公司四川电器实现借壳上市，并改名为博瑞传播（600880）。[5]

---

① 连福寅：《试论新中国报业经营管理 50 年》，《中国报业》1999 年第 8 期。

② 《中国报协对有关报纸行业产业政策和体制改革的五项意见》，《报纸经营管理》总第 48 期，1992 年 11 月 8 日。

③ 《连福寅同志在全国报社经营管理工作经验交流会上的书面讲话》，《报纸经营管理》总第 48 期，1992 年 11 月 8 日。

④ 贾品荣：《入世：中国报业战略新趋势》，新华出版社 2002 年版，第 55 页。

⑤ 博瑞并不是成都商报的整体上市，目前公司所代理的广告业务占成都商报的业务总量不足 30%，印刷、发行投递业务也是以合同的方式对双方的责权利以明确约定。从这个角度来说，我们可以认为 G 博瑞并不是一个报社的经营性资产的上市，公司更类似于一个以经营媒体资源为主的广告媒体运营商。引自曾实《G 博瑞优势　广告媒体运营商　强烈推荐评级》，新浪网，2006 年 7 月 27 日，http://finance.sina.com.cn/stock/t/20060727/0350822282.shtml。

（四）报业集团的产生

扩大经营范围，在多种经营中增进实力是报社进一步的目标，成立报业集团是实现目标的途径。1994 年 5 月之前，宣称欲走报业集团道路和自行亮出报业集团牌子的报纸就有 20 余家，涉及中央、省市级党报以及晚报、行业报等。有的干脆自己挂出报业集团的牌子，如《中国经营报》的"中国经营报联合体"；《北京青年报》的"北京青年报业集团"。①1994 年 5 月 18 日，新闻出版署在《关于书报刊音像出版单位成立集团问题的通知》中，对组建报业集团作了几条规定：（1）目前只做少量试点，不能一哄而起；（2）不组织股份报业机构；（3）不吸收与报业无关的企业、商业参加；（4）不组织跨省区集团；（5）报社组建集团要写出论证报告，报新闻出版署审批。其后又通告那些已经宣布自己为报业集团的报社，统统取消"报业集团"的称呼。1994 年 6 月，新闻出版署在杭州组织了"全国首次报业集团问题研讨会"。会议提出了以党报为主组建报业集团试点的设想，并拟定了组建报业集团必须具备的基本条件。

1996 年，《广州日报》经过批准成为第一家报业集团。1998 年新闻出版署确定的《新闻出版业 2000 年及 2010 年发展规划》提出：2000 年要建立起 5—10 家以党报为龙头的报业集团。② 报业集团的实际速度远远超过发展规划。2002 年有关文件提出"我国报业集团建设的试点阶段已经结束，现在进入全面推广阶段"。③ 经过五六年试点阶段的探索，形成了正式的报业集团制度，接下来的两三年内大批报业集团纷纷成立。2004 年 11 月 28 日，《贵州日报》报业集团宣布挂牌成立，在中央主管部门停批报业集团一年多之后，成为第 40 家报业集团。鉴于国家不再批办行政性传媒集团的背景，我国报业集团的阵容，到此可能基本成型。④ 2004 年全国报业统计表明，试点报业集团拥有的报纸数量占全国报纸总量的 17%，而总印数占 41%。2004 年以后报业集团发展进入关键阶段，报业集团的体制改革，股份制改造提上日程。

---

① 孙燕君：《报业中国》，中国三峡出版社 2002 年版，第 304 页。
② 许中田：《改革开放的产物　报业发展的需要》，《中国报业》1998 年第 4、5 期。
③ 《报业集团建设进入全面推广阶段》，《传媒经济参考》2002 年第 19 期。
④ 罗建华：《入世三年：中国报业集团发展观察》，《中国报业》2005 年第 6 期。

第二节　两方博弈：兼顾两个效益

1978 年确立的报社"事业单位、企业化管理"为报业制度选择的轨迹指明方向。对于政府而言，"企业化管理"给报社以自主权，事业的定位则鲜明体现出政府要保持影响力、控制力。对于报社而言，企业的身份能够带来更大的发展空间，摆脱"公共事业"定位，确立企业身份意味着对利润处置权的增加。事业与企业的双重取向中，政府在与市场进行一场艰难的"拔河"。将报业属性控制在事业与企业之间，确保政府在报社发展中减轻经济负担（国家财政通过税收甚至可以从中获益），同时确保政府对于新闻媒体的影响力与控制力。对于现有的媒介制度，报社自身并无力去改变，只能审时度势，处理好事业与企业属性在具体运作中的关系，这方面最能体现报社的经营智慧。在报社与政府的博弈中，事业与企业交互作用。

一　政府、报社的目标函数

在两方博弈格局中，政府与报社有着不同的位置，政府习惯继续改革前将报社全面控制的传统做法，但政府经济实力却不允许让报业回归纯粹的财政支持、履行单一宣传功能的格局。对于政府而言，市场经济的发展使报社有维生乃至发展的可能，因此政府将报业发展赋予"管制与发展"的意义，在发展中管制报业、在管制中发展报业。对于报社而言，财政供给不再，对于改革初期的报社来说意味着生存危机的发生，只有从市场中获利，报社才有生存的可能，报社将发展赋予"利润与发展"，如图 4－2 所示。

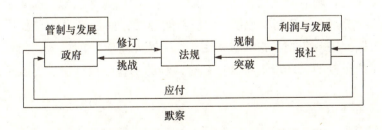

图 4－2　改革后政府与报社的关系

报业市场化因素的增加无疑加大了政府管理难度，政府只能通过默察报业发展，权衡利弊改进管制方式、修订相关法规实现政府管制目标。报社尽管需要从市场获利，但报业的双重属性使报社对于政府宣传要求还必须予以应付配合，以利于报社长期收益的产生。

（一）政府利益取向：管制与发展

1978 年以后，社会由一元化向多元化发展，市场对于经济调节能力的增加使政府不得不从制度、法规层面界定政府、市场各自的边界。政府对于社会的控制力削弱，对于市场机制的引入在开始看来也是无奈之选。计划经济使经济体制中充斥着官本位，不存在符合自然规律的激励机制，经济效率在大跃进及"文化大革命"期间造成崩溃。① 改革之初引入市场机制就是针对计划经济的低效率，希望借由市场的作用恢复国民经济。改革之初的制度设计者本着"改良"的思想，并没有全盘改革的计划与打算。随着改革的深入，计划经济的本源缺陷无法通过改良弥补，在实践中，"计划"与市场在配置资源方面冲突不断，由此才逐渐产生建设市场经济的整体规划。

随着市场化的进行，政府对于社会的控制力也不再显现出如计划经济时期的刚性。政府控制力变化体现在三个方面：② （1）控制范围的缩小；（2）由控制过程到控制原则；（3）控制手段的规范化。对新闻媒体改革做"事后"的察看，就会发现，尽管政府早就确定了报社是"事业单位、企业化管理"，但对于报社在整个政治经济结构中的定位，有着复杂的心理。首先报社本身有营利功能，国外也不乏成功先例；但新闻的特殊性又使政府对于放开控制顾虑重重。报纸每天以新闻的形式对数量众多的人民群众传递信息，政府本身并不愿放手或弱化对于报纸的控制。报社的企业化将会导致政府对于报社的影响力与控制力的降低，丧失了经济与行政的控制权后，政府管制报社的唯一途径只能通过现有法规，那么全党办报的"日常化"与"常规化"几乎不能开展；而严守事业单位固有准则，由国家财政负担办报一切费用，"花钱买宣传"的模式，与现有的事业单位改制的大环境不符。报社有营利的功能，报社提供的服务也难

① 杨光斌：《中国经济转型中的国家权力》，当代世界出版社 2003 年版，第 67 页。

② 参见孙立平、王汉生、王思斌、林彬、杨善华《改革以来中国社会结构的变迁》，《中国社会科学》1994 年第 2 期。

以划入纯公益性服务的范围。报业制度选择就在政府的矛盾心理中逐渐拉开序幕。

（二）报社利益取向：利润与发展

"邮发合一"使报社变成纯粹的生产单位，产品的流动——报纸发行由邮局全权代理。按照这一思路，完全不必考虑经济问题，报社也可以接受。从1956年一直到1978年，报社以党委领导下的宣传部门身份在运行，完全不具备产业属性。市场打破了报社在经济上的平衡，其主因有二：其一，新闻纸涨价。市场经济的出现使政府规定价格、配给生产资料的权力下降。报社不能获取配给的低价新闻纸，必须以市场价格购买。其二，政府通过给报纸提价替代财政补贴。但这并没有给报社带来实质性的好处，原因是邮局的发行费率水涨船高，抵消甚至超过了提价带来的好处。邮局的高费率以及压报款使报社难以回收资金，如何筹集资金购买新闻纸应付日常出报成为报社难题，对于省市以下的报社，这个困难更为突出。报社生存发生了困难，报社的维生功能被重新重视。有限的广告收入难以维持报社的日常运转，由此报社首先将报纸的发行权收回，降低邮发成本并提高资金的回收速度。以《洛阳日报》为代表的地市级报纸开始了自办发行，推动了报业制度新的选择。

报业制度选择始于生存危机。随着报社企业属性的增加，对于利润的追逐成为报社发展的动力。发展的内涵就是报社经济实力的增加。在20世纪90年代中期之前，诸多报社将更多的精力放在非报业经济的发展上，对于报业主业经营似乎并没有过多投入，新兴产业如房地产、酒店和其他服务业是报社争相进入的领域。企业身份能够进一步解除束缚，使报社在跨行业的领域施展手脚。对于自身的事业属性，报社并不是完全不珍视，在报纸的某些环节，自身事业属性或者说宣传属性也给报业和非报业都带来利益。如在报纸的发行环节，尽管"邮发合一"的局面不再，但党报的发行仍然离不开各级党委的推广甚至"摊派"。在非报业领域内，鉴于宣传属性，报社尤其是党报从办报本身获利甚微，甚至是亏损严重，在财政无法负担的条件下，报社"堤内损失堤外补"与所属政府谈判，获取进入另外领域的政策倾斜或者直接要求政府提供另外的营利机会。

报社现行的财务制度是报业制度选择的内在动力。1992年7—8月中国报协报社经营管理改革调查组调查 17 家各级党报后发现：① 《广州日报》实行"利润自行留用"，《烟台日报》实行"上缴利润拨款"（利润上缴后金额返还），德阳、都江堰两报实行"以收抵支，定额补贴，增收留用，超支不补"的事业单位管理办法，其他 13 家报社实行"事业单位，企业管理"的财务管理体制。总的来说"结余留用"是财务管理的基本原则，税收方面党报也享有免征所得税的优惠政策。报社处理利润的自主权是报社制度选择的内在驱动力。从以上各报来看，《广州日报》最宽松的财务制度也为《广州日报》大发展奠定了基础。

在现有报业制度下，仅有经济诉求难以推动政府给予报社自主权。市场的介入、企业化过程带来政府的管制难度，增加了政府报社关系的不确定因素。报社在进行经济诉求时必然需要伴有政治诉求，有时候甚至要颠倒二者之间的主辅关系。在历次改革实践中，报社制度选择都体现了这一策略：自办发行时将提高发行量、加快发行效率与增加宣传效益联系在一起；多种经营时提议"副业养主业"，更好地办好党报；报业集团的做大做强是增加党报的核心竞争力等。

二 报社、政府的博弈格局

1978—1992 年，报社"企业化管理"更多是指报社内部的管理推行企业化，如印刷、广告、发行部门，借此能够增收节支，在很长一段时间内，报社多种经营被限制为必须和"报业相关"。报社主业或者说新闻产品的经营并没有过多涉及。这一时期从根本而言是报社经营而非经营报社。报纸产业开始快速发展是在 1992 年，十四大确立了建立社会主义市场经济原则。同年，中共中央、国务院颁布了《关于加快第三产业发展的决定》，要求第三产业机构应该"做到自主经营、自负盈亏，现有的大部分福利型、公益型和事业型第三产业单位向经营型转变，实行企业化管理"。

以 1992 年为界，之前的报业制度选择的主题是"报社经营"。这个时期制度变迁的特征更多地体现为"诱致性变迁"，报社充当报业制度选

---

① 中国报协报社经营管理改革调查组：《关于报社经营管理改革的调查报告》，《报纸经营管理》第 46、47 期，1992 年 9 月 8 日。

择的发起者。① 1992 年之后，报社主业和副业齐头并进。"经营报社"展开，如创办都市报、跨地区办报等。本部分将以改革开放之后到 1992 年之前的报纸产业制度作为分析对象。1992 年之后，报纸产业进程的核心是报业集团的诞生，将在本章最后以个案的形式讨论。

将报业制度选择的总效益定义为经济效益和社会效益（宣传效益）的总和。报社追逐的是经济效益不断扩大，每次选择的目的无疑是使自身效益最大化，因而报社在博弈中有着经济效益的偏好；政府在这方面表现得更为复杂，政府完全掌控媒介似乎并不是自己的最优选择，不仅财政会增加相应负担，而且报纸的宣传表现得极为低效。政府更多考虑的是自身的执政利益，维系现有意识形态的稳定。社会效益此时已部分让位于宣传效益，政府依据现有的知识判断，实现宣传效益的必要手段是保持对报社的控制力与影响力。

报社博弈的策略分为兼顾（宣传效益与经济效益兼顾）与单极（纯粹经济效益），报社表现为经济效益的偏好。而政府的博弈策略也分为兼顾（宣传效益与经济效益）以及单极（纯粹的经济效益取向或者纯粹的宣传效益取向），但是对政府来讲，纯粹经济效益取向的策略不可能出现，因此政府的单极策略为纯粹的宣传效益取向。

---

① 陈戈、储小平以 1992 年为界将报业制度改革与发展大致分成两个阶段：第一阶段即政府主导、以经营分配环节为制度变迁突破口的"财政成本拉动型"的强制性企业化；第二阶段是指报社主导、政府规制、以采编运作环节为制度变迁突破口的"市场利益推动型"诱致性市场化。由此将报业制度 1992 年的变迁特征界定为强制性的制度变迁，但从实践来看，强制性的制度变迁仅在宏观上成立，也就是在于政府对于报社"事业单位、企业化经营"的定位，但在微观上，政府并没有更多的报业制度供给，在实践中对于报业如何"企业化"经营也未给出具体方向。报社实际上是被"推向"市场，孙旭培将此形容为"甩包袱"，政府仅在宏观上提供了原则，在具体制度上的演变更多如潘忠党所说，"报业制度变迁实际上是志愿团体和政府共同完成的"。在其中报社充当了报业制度变迁的第一行动集团，如自办发行的实行，多种经营向非报业领域的跨进等。"事业单位、企业化经营"在出台之初所具空泛内涵在报社"企业化"进程中不断被丰富和具体化，同时也在不断被突破。陈戈、储小平作出这样的界定与其文中对于"报业制度"的界定有关，其更加强调报业"核心制度"——性质、所有制结构以及主要功能上，关注的制度层次着眼于宏观层次（即便如此，其文中所列举的 1978 年改革也是源于《人民日报》等 8 家首都报刊联合向财政部递交报告，要求实行"事业单位，企业化管理"的方针，希望通过一些经营性活动获得一些经济收入，以弥补国家财政拨款不足，然后才有制度的批准实施）。而本书关注报业制度的焦点是"报纸产业制度"，以具体的经营管理制度的变迁为主（在绪论中有相应说明）。由此本书认为，在报业具体制度变迁中，1992 年之前更多体现的是诱致性变迁的特征，而 1992 年之后则体现了强制性变迁与诱致性变迁结合的特征，因这一阶段的报业制度更多体现了政府的整体设计以及制度选择目的的预设。

报社、政府两者之间的博弈格局并不是传统博弈论中的对称博弈模式，而是非对称博弈：政府不仅是制度博弈的参与方，更具有制度的终极决定权，能够决定制度的合法性。由此博弈模型如图4－3所示：

		政府	
		兼顾	单极（宣传）
报社	兼顾	8，4	2，2
	单极（经济）	－2，2	－2，2

图4－3　1992年之前报业制度两方博弈①

（1）报社实行兼顾策略，政府实行单极（宣传策略）。报社、政府的收益分别为（2，2）。这能够解释在改革开放之后，1992年之前，报业改革的边缘突破行为。报社在现有制度下的"志愿试点"即在突破现有规定但不触及核心制度的情况下，进行局部的改革，比如报纸的自办发行，报业进行多种经营等，报社从市场获得有限经济收益。政府的宣传效益不会受到影响，当然也没有增加，报社的经济收益能够减轻财政负担，政府在经济效益方面有少量收益。报业取得缓慢发展。

（2）报社实行兼顾策略，政府实行兼顾策略。报社、政府的收益分别为（8，4）。在强化党报核心的基础上，报社的双重属性被政府与报社认知，报业取得长足进步，报纸产业化进程加快，尤其是20世纪90年代的初期，报业迅速发展，从实际情况看，党报宣传效益并未增加（下文详解），但报社营利对于政府而言也有好处，如增加了税收、减轻甚至避免了财政支出、满足群众的新闻信息需求等。但总体来说，经济效益偏好的报社在此次博弈中收益较多，而宣传效益偏好的政府事实上并没有得到满足，因而双方收益有差距。

（3）报社实行单极（经济）策略，政府实行兼顾策略或者单极（宣传）策略。报社、政府的收益都为（－2，2）。鉴于这是个权力不对称格

---

① 本博弈收益取0—10的自然数，0为没有收益，10为最大收益。根据博弈方的策略、行为、偏好，比较得出各自收益值。用数字表示收益值能以抽象形式说明博弈主体收益的相对差距。收益数字本身是多少并不重要，关键是收益数字对于这一博弈格局的解释力和适用性。

局，任何不能满足政府宣传效益的博弈策略将会被终止，甚至遭到制裁，如报社注重经济效益推行单极（经济）策略，使报社变成营利性企业性质，或者出卖版面刊号等，都会导致政府失去报纸控制权，政府在发现后对报社进行制裁。报社遭到制裁后有可能面临停刊，报社高层也失去政治前途，因此报社收益表现为负值。政府通过制裁报社，强调了报业宣传效益的重要性，对于整个报业有震慑作用。在报业恢复常态后，宣传效益仍然维持不变，政府通过处罚增加了行业威慑力，因而获益有少量增加。

在不对称的博弈格局之下，报社首要考虑的是政府偏好，报社推行社会效益兼顾经济效益的策略，尽管在经济获益方面不能达到最大化，但有利于制度选择的实际推进，对于报社的长远发展有着良性作用，在促使制度合法化时也有足够的说服力。兼顾的策略于政府而言，能够在维持报社控制力的同时，实现报社财政的自给自足，形成维生甚至营利机制，政府在两方面都有所获益。改革开放之后到1992年之前，这个时间段内的博弈格局就是从兼顾、单极（宣传）向兼顾、兼顾的移动，报业的经济属性被政府和报社看重，经营报社成为报纸产业制度变迁的核心。

三　报社的博弈策略

报业制度博弈过程中，报社选择兼顾策略是在每次具体博弈中依据博弈环境作出的，是报社作为博弈方长期学习的结果。报社作为博弈方的选择策略首先是根据对博弈双方性质的认知而决定的。报社与政府进行博弈时，权力是不对称的，从新民主主义革命初期到新中国成立之后直至今天，党、政府对于报社（媒介）的属性都持刚性认知，概言之就是"三个不变"，从内容、组织结构以及所有权三个方面保持党和政府在报社中的影响力与控制力。由于这种刚性要求，媒介在改革之初只能在报业制度边缘活动，不能触动报业核心问题。

针对报社在开展多种经营中擅自扩大经营范围，甚至将报纸版面当作商品处理，时任新闻出版署报刊管理司司长梁衡表明了新闻出版管理者的态度，"无限经营，想干什么就干什么，一切向钱看，于是就出现了出卖版面、'含金新闻'、有偿新闻等偏向。有的报社甚至偏离办报宗旨，大搞公司，结果有的出了问题。必须明确，我们的经营，是为了办报，是为了改善办报条件和环境，不是为了发财。报纸是精神产品，主要是为了发挥报纸的宣传教育作用，物质生产经营只是附带的"。① 梁衡司长鲜明地表述了新闻出版署的态度，第一，主业不能搞"经营"；第二，多种经营只能附带搞。梁衡最后强调："争取条件成熟时能产生一个较具体的管理规定"。报社的多种经营易于转化成单极（经济利益）追求，但政府管理者的态度使得报业发展必须回到规定的轨道中去，否则政府将会强化"管理"，报社作为博弈方利益会受损。作为"理性经济人"的报社在权衡博弈策略时会考虑现行的政府规定，主动规避风险，增加成功概率。

从博弈格局中可以看出，报社是博弈均衡的最大受益者，同时报社也是不对称博弈中的弱者。在1992年之前，报业制度变迁呈现更多的是诱致性变迁的一面，报社作为制度博弈的发起者，对于制度博弈成功的渴望超过博弈对手，在博弈策略上，报社更多地展示了自身的智慧。就如南方某报的一位负责人所言，报社在报业经营制度方面创新的精力大部分都花在了理顺报社与新闻管理部门之间的关系上。对应政府在权力方面所拥有的优势，报社在信息掌握方面拥有优势。报社与政府之间的信息不对称格局，意味着报社拥有更多与报业市场、报业运营相关的信息。而社会效益的实现又与报业经营相关，政府宣传效益最终还是体现在发行量等指标上，政府除了报社并没有其他信息渠道可以进一步核实其中的内容。因此，报社在传递相关信息时，能够利用信息构成的差异，影响博弈对手的选择，促成有利于报社的产业制度演进。报社在信息传递上普遍采用强化宣传效益、强调财政困难以及缩小福利差距等手段，更多时候，这三种手段是综合运用的。

（一）强化宣传效益

在报业制度的选择中，政治诉求有时远远超过经济诉求，这是博弈成功的关键。报社对于这一博弈规则运用得当，这是每次制度选择中，报社无一例外要采取的策略。在自办发行中，首先，强调宣传效益在"邮发合一"模式中受到非常大的损害，尤其是报纸递送不及时。"以往，即便是在距离郊区、县政府仅20公里的乡镇，也要第二天甚至第三天才能看到头几天的《沈阳日报》。"② 其次，强调自办发行中地市报的自办发行网络对于省报的支持。"对发行的省委机关报，要和本报一样对待，做到认

---

① 梁衡：《建设有中国特色的报纸管理体制》，《中国记者》1991年第11期。
② 王文刚：《一条有效的报刊发行途径：对〈沈阳日报〉自办发行一年的考察》，《报纸经营管理》总第15期，1990年2月25日。

真收订、及时投递，充分发挥省报自办发行的有利条件，进一步完善投递网，扩大覆盖面，保证发行报纸质量，并用合同形式担保省报在本地区的发行基数，达不到基数要承担经济赔偿。"① 最后，强调发行量的增加。"1984 年《洛阳日报》发行量月平均六万两千多份，自办发行后，每年以10%—15%的速度递增。"在自办发行的第一批施行者的总结中，社会效益总是放在经济效益之前的。

（二）强调财务困难

1991 年《人民日报》等 7 家报社分别写报告给国务院、邮电部及新闻出版署。首先强调"国务院办公厅 1988 年要求降低发行费率的问题仍未解决。"1991 年年初的新闻纸价格上升以及中央各报提高印刷质量将导致"今明年各报不仅将发生大量亏损，且由于新闻纸储备资金增大，正在进行的基础改造需要自筹资本，本已严重的资金困难状况又进一步加剧"。② 1992 年中央主要报纸要求调整财政税收经济政策，针对缴纳税金过重的问题，提出"增收无动力，发展无实力，资金不足，人才外流，严重影响新闻事业的发展和党的宣传工作"。③ 1993 年税务局作出免征机关报增值税的决定。强调财务困难是报社对政府在转型中担负责任的提醒。实现宣传功能的前提是报纸的正常运行，如果政府不能进行财政补偿，就需要在相关制度上进行调整与改进，以达到改善报社经济状况的目的。

（三）缩小相对福利差距

制度具有非中性的特征，"同一制度对不同人意味着不同的事情。在同一制度下不同的人或人群所获得的往往是各异的东西，而那些已经从既定制度中，或可能从未来某种制度安排中获益的个人或集团，无疑会竭力去维护或争取之"。④ 与制度非中性对应，博弈方普遍具有"相对福利"的偏好，即米香（E. J. Mishan）认为的"人们不仅关心他们收入的绝对

---

① 《为省报自办发行创造条件提供服务　全国报纸自办发行联合会作出四项规定》，《报纸经营管理》总第 24、25 期，1990 年 12 月 25 日。

② 《关于要求妥善解决报纸预订费合理占用及适当降低过高的报纸发行费率的报告》，《报纸经营管理》总第 37 期，1991 年 12 月 8 日。

③ 《财政税收过重　影响报社发展　增收无动力　发展无实力——中央主要报纸要求调整财政税收经济政策》，《报纸经营管理》总第 44 期，1992 年 7 月 8 日。

④ 张宇燕：《利益集团与制度非中性》，《改革》1994 年第 2 期。

水平，而且更关心他们收入的相对水平"。① 报纸产业化，相对福利无疑偏向于报社一方，但报社为了说服政府同意或者至少不反对相关政策的实施，必须缩小相对福利的差距。

从事实来看，党报的影响力并没有随着报业制度的演进得到提高，在报业集团成立后，党报本身的核心竞争力并没有增加，尤其是省级党报的问题更为严峻。中国记协调研信息处与全国 13 家省级党报和有关部门组成课题研究组从 2000 年到 2001 年的调查表明：

> 发行量逐年下降。全国省级党报的年均发行量从 1990 年的 31. 49 万份，跌至 1999 年年均发行量的 23. 91 万份，10 年间共下降了 24 个百分点；党报人均拥有量偏低。1999 年，全国省级党报在各省人均最高拥有量除 3 个直辖市（北京、上海、天津）每千人不足 45 份外，其余绝大多数省份，每千人省级党报平均不足 10 份，其中有 6 个省份每千人党报拥有量还不到 4 份；读者群减缩，党报传阅率较低。按目前省级党报读者定位的要求，读者群体的大部分为机关干部、企业管理者和知识分子。据我们在河北省石家庄市的读者调查表明，即使在这部分读者群中，经常阅读党报的人只占调查对象的 35. 02%，偶尔阅读和不阅读的占到 64. 98%。②

梁衡提供的数字更具冲击力，在 1996 年年初，《人民日报》的期发数比它的极盛时期 1979 年下跌了 66. 3%。在 30 家省级党报，比历史最高期发数下跌幅度最大的依次为《安徽日报》（59. 8%）、《贵州日报》（59. 7%）、《广西日报》（57. 4%），下跌幅度在 30% 以上的达 23 家。③ 党报的影响力在报业大潮中呈现下降的趋势是客观存在，"党报边缘化"并不是毫无根据的说法。在制度博弈中，党报影响力的下降无疑有损报社博弈成功的概率，但报社作为博弈方充分利用了信息不对称的优

---

① 陈银娥：《西方福利经济理论的发展演变》，《华中师范大学学报》（人文社会科学版）2000 年第 4 期。

② 刘梓良：《一项具有重要意义的研究成果——写在〈全国省级党报现状与改革途径新探索〉问世之际》，《新闻记者》2001 年第 11 期。

③ 梁衡：《新闻原理的思考》，人民出版社 1996 年版，第 185—186 页。

势。在传递相关信息中：（1）将传播行为与传播效果相分离，着重强调报纸在新闻实践中与党和政府一致性的行为，但是对于这种行为的实际传播效果并没有说明，如对于党号召某些活动的大力宣传；（2）模糊报业集团内部报刊形态的差异，以报业集团的实力增加置换为"党报"实力的增加；（3）数据对于经济效益以及社会效益具有双重意义。发行量的增加意味着经济效益的增加，同时也意味着宣传效果的增加，但报社更多强调后者。通过增加政府作为博弈方的宣传效益来缩小政府与报社在经济获益上的巨大差距。

鉴于博弈对手是政府，报社在进行制度博弈时绝对不能仅仅考虑自身的经济利益，"相对福利水平"与"政治市场的因素"是须考虑在内的。"相对福利水平与政治市场是存在联系的：相对福利水平的提高自然会使人产生政治要求；而政治市场的主导者总是试图通过政治权力固化其相对福利水平的优势。"① 报纸产业化意味着政府的管制成本和管制风险增加。与报社相比，政府更加偏好报社所带来的社会效益与宣传效益。因此报社的博弈策略中对于这个偏好需要有所反应，用"信息不对称"应对"权力不对称"是报社采取的重要策略。从报业制度选择历程来看，报社的这个策略屡屡奏效，形成了"路径依赖"。报业在未来进行涉及报社产权的改革中，这个策略将会受到前所未有的挑战与考验。

第三节　报业制度的创新与扩散

戴维斯和诺斯将制度变迁分为五个步骤：（1）形成所谓"第一行动集团"，即预见到潜在利益，并认识到只要进行制度创新便可获得之的决策者；（2）"第一行动集团"提出制度创新方案；（3）"第一行动集团"便以最大化利益原则理性地比较和选择它们认为最能实现自身利益的制度创新方案并实施之；（4）形成"第二行动集团"，即在制度创新过程中助"第一行动集团"获益一臂之力的人或机构（如立法机构）；（5）第一行

---

① 闫大卫：《人们为什么会选择对自己不利的制度安排——对张宇燕、盛洪先生的补充和发展》，《经济学家》2005年第6期。

动集团和第二行动集团一道努力，促成制度创新。① 结合报业制度发展的过程，报业制度选择的路径可以归结为三个步骤。第一步：制度不均衡导致获利机会的出现；第二步：第一行动集团提出并实施行动方案；第三步：第二行动集团形成并与第一行动集团合力促成制度创新。② 从博弈格局来看，报社、政府的博弈策略从兼顾、单极（宣传）向兼顾、兼顾移动，这决定了报纸产业制度的选择必定是渐进式的，结合诺斯的理论，渐进式表现为：（1）最先进入创新的制度往往是报纸产业的外围制度；（2）最先实行博弈行动的往往是省级以下的报纸；（3）报业制度扩散往往遵循从点到面的轨迹。在博弈顺序中，报社往往充当博弈发起者，而政府略显保守，往往通过较长时间的默察观望，才会表明态度。

一 博弈起点：制度不均衡

报纸产业化进程中，博弈的发生同样源自制度不均衡，现有制度供给不再能满足制度需求。林毅夫认为，"要发生诱致性制度变迁必须要有某些来自制度不均衡的获利机会。也就是说，某些原因现行制度安排不再是这个制度安排选择集合中最有效的一个了"。③ 报业制度不均衡的原因有三个：（1）市场发力与国家财政困窘；（2）周边制度安排变化；（3）制度选择集合改变。而制度选择集合改变居于核心位置。④

（一）市场发力与国家财政困窘

市场被引入作为配置资源的方式，在取得计划经济的辅助地位后迅速发展，1992 年之后，改革加快了步伐，1994 年则确立了社会主义市场经济的地位。报业制度的选择与整个市场经济的出现、发生、发展紧密相关。市场的存在给予报社在市场中依靠维生机制正常运转以至于发展的可能。与市场经济的发展相对应，国家建设需要大量的投入，国家财政收支

① 张宇燕：《经济发展与制度选择：对制度的经济分析》，中国人民大学出版社 1992 年版，第 189 页。

② 同样对于诺斯制度变迁的五步骤模型，也有学者将其作不同形式的三分法。如第一步，形成所谓的"第一行动集团"。它探索并提出创新方案，以利益最大化理性原则选择最佳方案。第二步，形成"第二行动集团"。第一行动集团常常不足以完成制度创新，它提出的新制度要能为相当一部分人带来一定的预期收益，从而把这些人吸引到创新队伍中来，形成"第二行动集团"。第三步，"第一行动集团"与"第二行动集团"合力促成制度创新。参见王玉明《论政府制度创新——从新制度经济学的视角分析》，《国家行政学院学报》2005 年 5 月。

③ 参见林毅夫《关于制度变迁的经济学理论：诱致性变迁与强制性变迁》，《财产权利与制度变迁：产权学派与新制度学派译文集》，上海三联书店 1994 年版，第 376 页。

④ 同上书，第 384 页。

状况一直处于稍有盈余和小额赤字之间。从图 4 - 4 所示国家财政收支差额的变化趋势看，20 世纪 70 年代末至 80 年代初期，国家财政最为困难的时候，报社开始实行"事业单位、企业化管理"。1992 年之后，国家财政收入开始大幅度增长，与此同时国家建设的投入大规模增加，财政收支依然紧张。收支双线活跃意味着国民经济整体规模增加，与报业相关的广告市场、文化消费水平也随之增加，报业经济总量增长，推动了报业发展。

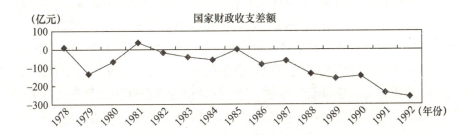

图 4 - 4　1978—1992 年国家财政收支差额

（二）周边制度安排变化

邮局发行费率与新闻纸价格的变化直接导致报业制度的不均衡。1983 年开始，报纸的发行费率迅猛增长，从报价的 25%，上升到 37%、40%，城区的 47%、边远地区的 50%。有的省发行外地过路报纸，竟要 60% 发行费。[①] 高费率促使 1984 年《洛阳日报》开自办发行之先河，1987 年以后的发行费率的调高以及报款截流导致省级报刊、中央级报刊就发行问题与邮局摊牌，以自办发行要挟邮局必须调低发行费率，及时返还报款。

新闻纸涨价导致报社的经营陷入困境，一度连维持正常的运行都发生了困难。"1985 年以来，平价新闻纸价格以扶摇直上之势大幅度上涨，四年来，上涨幅度达 132%。至于议价新闻纸，有的地方已经突破 4000 元/吨的大关。"[②] 1987 年国家财政仅新闻纸差价补贴已达到 7000 万元，国家财政也难以继续负担（见表 4 - 1）。报社只能从降低发行费率及时获取报款返还来维持报纸的生存。发行制度到了非改不可的地步。

---

① 赫建中：《我国报业经济危机探源》，《中国新闻年鉴》（1989 年），第 131 页。

② 屠忠俊：《新闻业管理学导论》，《华中理工大学新闻系讲义》，1990 年，第 17 页。

表4-1		纸张价格变动情况（1980—1996 年）					单位：元/吨	
年份	1980	1985	1988	1992	1994	1995	1996 年初
价格	730	1100	2800	3000	4000	4500	7000

资料来源：《中国报刊月报》1999 年 8 月。[1]

1994—1995 年，新闻纸的价格又有一次大幅度提价。国内新闻纸厂家出口增加造成国内供需紧张，"国内新闻纸价格从 1994 年 10 月 4000 元1 吨上升到 1995 年年底的 7000 元 1 吨"。[2] 国内市场低迷引起报纸广告收入普遍滑落。"这一出一进的变化使许多报社面临危机。为了抵御市场冲击，多家报社又重新搞起了多元化经营……报纸对组建报业集团的呼声再次高涨。"[3] 周边制度的变化直接影响了报业制度选择的发生与方向。从这个意义上来看，在报业经济中，过于强调报业的特殊性似乎意义不大，社会运行、市场经济的每一次波动都会对报业发生影响，随着市场走向成熟，报业与外部环境的联动性会进一步加大。

（三）制度选择集合改变

政府规制的改变可以扩大或缩小制度选择集合。当政府减少某种限制时，就意味着可供选择的制度集合扩大。改革之初计划为主市场为辅的原则弱化计划经济中计划的刚性。中央权力的下放，地方政府以及企业都拥有较以前更多的自主权。在这种大环境下，报社在经营方面的限制无疑放松了，报社在保证报纸实现宣传功能的前提下，拥有了博弈空间。多种经营制度以及报业集团制度的出现表明政府放松规制，给报业在制度选择上提供了另一种可能，制度选择行为得以发生。市场经济的发展以及市场经济制度的确立，造成报业市场上的制度落差，促进了报业制度的新选择。

二 博弈发生：第一行动集团实施制度创新

制度变迁的第一行动集团可能是个体或者由个体组成的集团。由于意识到存在一些只要改变制度安排的结构就可能增加收入，它们的决策在制度变迁的进程中起着驱动地位。[4] 第一行动集团的出现是制度创新的关

① 转引自陈戈、储小平《现代中国报业制度变迁的一个理论解说》，《经济社会体制比较》2006 年第 2 期。

② 黄卫平：《纸业反倾销初胜后的思考》，《中国流通经济》1999 年第 1 期。

③ 孙燕君：《报业中国》，中国三峡出版社 2002 年版，第 306 页。

④ 罗必良：《新制度经济学》，山西经济出版社 2005 年版，第 161 页。

键，它不仅在制度选择内容上提供了可以模仿、参考的范本，同时它的成功也为第二行动集团的出现奠定了基础。

（一）低级别的初级行动集团

制度选择的第一行动集团也被称为初级行动集团，在报业具体制度中，往往由报社充当。地方报纸或者说级别较低的党报、机关报更多出现在第一行动集团之中。改革之后，第一个刊登广告的是《天津日报》；第一次自办发行的是《洛阳日报》；第一个报业集团是《广州日报》；第一家上市融资的是《成都商报》；第一家海外上市融资的是《北京青年报》。第一集团的"地方报纸现象"并非偶然，与我国改革的渐进式的整体思路是相对应的。因此在报业制度选择轨迹中有两个发展脉络：其一是从边缘到核心，从报业制度边缘的广告、发行、多种经营开始逐渐走向了报业集团、产权等核心制度转变；其二是发动报业制度选择的主体是级别较低的党报或者机关报。它们进行制度试点，然后向上向外扩展制度的适用范围。

由地市级报社充当的第一行动集团并实施创新方案对于制度选择来讲有很大的益处，降低了制度变迁成本。地市级报纸的地域局限性，决定了报社制度创新的影响有限。如果创新失败，影响主要在报社所在地，对于整个党报制度所产生的影响有限。如此一来，政府就可以以最小"试错"成本，观察制度创新的适应性和有效性，斟酌制度出台的形式与时机，在把非正式制度转变为正式制度过渡时规避风险，维护执政安全。由此在选择报业制度试点时，地市级报纸甚至是行业、专业报纸总是充当最先被选择的或者自愿被选择的行动团体。《计算机世界》一开始以企业的身份进行合资报纸的试点。2003年《计算机世界》申请增加扩大合资。对此，时任新闻出版署署长的石宗源答复为：你们虽然是IT业的，但是允许外资进入（内容制作），是一个非常大的实验，这一次是在原有的基础上进行项目扩大，是把你们作为一个试验田来考虑的，因为你们是唯一一家，免得跑到另外一家，再弄一家合资的，两家影响面就大了。

由地方报社或非党报所进行的制度选择具有以下特征：[①]（1）增量改革："在原有制度存量以外的领域培植新制度因素，这既维持了有关制度主体的存量利益而减轻变革的阻力，又通过承认有关制度主体的增量利益

---

① 陈天祥：《中国地方政府制度创新的特点》，《广东行政学院学报》2003年第2期。

而增强变革的动力，达到制度的边际均衡，随着制度增量利益的增长，逐渐对制度存量产生压力，推动它们的市场化改革，新制度逐渐代替旧制度，从而使制度的边际均衡逐渐向整体均衡过渡。"① （2）区域性。报业制度变化局限在限定的地域内，其影响有限，降低了制度变迁成本，其制度实践无论成功与否都能为制度选择提供借鉴与参考。（3）试验性。通过试验检验制度本身的有效性和运行的稳定性，为演化成正式制度提供决策依据。

（二）地方政府与方案实施

在由地方报纸或者较为边缘的报社扮演的第一行动集团提出行动方案并开始实施时，地方政府在担当重要角色。20世纪70年代末改革开放伊始，中央逐渐向地方下放经济权力，地方政府在拥有自己的经济自主权的同时也拥有了地方利益。报社作为报业制度第一行动集团时，地方政府处于一种监管的角色，无论其以明显的支持还是静观默察式的参与，对于报业渐进式的改革方式都是有益的。总的来说，"地方政府参与制度创新为中央治国者创造了一个低成本、低风险的知识传递和积累机制……减弱了制度遗产对渐进式市场取向改革的约束"。② 地方政府在一定程度上分解了中央政府所面临的制度成本以及变迁风险。

"地方政府与传媒之间出现利益一体化的现象"③，使在报业制度变迁中，地方政府出于明显的利益驱动主动承担风险。地方政府在辖区内进行的报业制度选择，如果失败，可以认为是改革本身所应当承担的成本，报社承担大部分的损失；制度选择成功，地方政府能够获得中央政府的肯定，得到政治激励，又能够获得更多的经济收益。

《洛阳日报》实行自办发行，地方政府扮演积极角色，其原因来自中央利益和地方利益的分化。《洛阳日报》的办报资金来自地方政府，亏损意味着地方政府从财政收入中拿出资金补齐差额。邮局是"邮发合一"的受益者，垄断《洛阳日报》发行权能够给邮局带来相应的经济收入。这时候中央与地方的利益分歧开始出现。邮局属于中央直属企业，1994

---

① 陈天祥：《中国地方政府制度创新的特点》，《广东行政学院学报》2003年第2期。

② 杨瑞龙、杨其静：《阶梯式的渐进制度变迁模型——再论地方政府在我国制度变迁中的作用》，《经济研究》2000年第3期。

③ 张裕亮：《变迁中的中国大陆报业制度图像》，晶典文化事业出版社2006年版，第71页。

年之前，国企利润实行"统收统支"，即企业将所有利润上缴财政，然后再从国家财政那里获得投资、补亏所需的全部资金。这样的财政政策意味着，邮局利润再多也与洛阳市委、市政府没有太大关系，而《洛阳日报》一旦从自办发行中获利将会减轻当地政府的财政负担，地方政府制度选择的动力即是源于此。

地方政府在报社作为制度选择的第一行动集团时通常采用以下方式参与：

（1）营造环境。广州的报业发展迅速，走在全国报业发展的前列很大程度上源自当地政府营造的宽松环境。"广东特别是广州新闻出版管理部门的开明、宽松作风，以及与所管新闻单位关系的和谐为《广州日报》的报业发展提供了良好的政策空间。……与其他有的地区主管上级严格监督、控制、限制属下新闻单位明显不同，广东与广州的新闻宣传出版领导机构总是尽一切可能为属下新闻单位说话办事，尽可能为之创造更好的条件、更多的自由，以发展与繁荣报业。"①

（2）鼓励支持。1984年春《洛阳日报》准备自办发行时，"在全省地、市报纸协作会议上，省委宣传部负责同志听取了我们关于自办发行体系的设想和准备工作的汇报，热情鼓励我们大胆试行；市委领导也积极鼓励我们开拓发行新渠道"。② 地方政府的鼓励与支持对这一阶段报社的行动策略起到举足轻重的作用，对媒体来讲，徘徊观望是不可避免的，但地方政府明朗的态度能促使媒体从徘徊观望走向实际行动。

（3）静观默察。1995年，中宣部新闻调研小组的调查表明，约有30多家广东的报纸或明或暗与企业有合作伙伴关系。其中的股份制形式就有"报社和企业双方出资出人联合组成编辑部"，突破了至今禁止的资本不准进入报纸内容制作的规定，这与当地政府主管的态度有关。"广东新闻出版局的同志认为，企业介入办报利大于弊，有利于减轻国家负担，促进报业转换经营机制。"③

三　博弈均衡：第二行动集团实现制度变迁

第二行动集团也称次级行动集团，它们帮助第一行动集团进行一些为

①　曹鹏：《中国报业集团发展研究》，新华出版社1999年版，第113页。

②　洛阳日报社：《路在脚下延伸：洛阳日报社自办发行的实践和思考》，《报纸经营管理》总第15期，1990年2月25日。

③　中宣部新闻调查组：《中国报业总量结构效益调查》，新华出版社1996年版，第13—14页。

获取收入而展开的制度变迁。第一行动集团以及第二行动集团都是制度变迁的决策单位，第一行动集团是制度变迁的创新者、策划者和推动者，而第二行动集团是制度变迁的实施者。[①] 在报业制度变迁中，第一行动集团囿于报社的经济总量和政治影响有限，其制度选择并无改变整个制度安排的能力，只要在制度供给的边缘给自身拓宽一些空间，实现获利目的，就能达到制度博弈的目的。报业制度选择的第二行动集团通常由更高级别的报纸构成，其本身具有更强的经济实力以及政治影响力，各地报协也以报纸代言人的身份开始出现在博弈格局中。在现有格局下，报社有时也借助政府内某些力量，增加己方的政治影响，加大博弈成功概率。第二行动集团并不是在第一行动集团出现后必然出现。在制度变迁中，第一行动集团尽管实行了制度选择，但由于缺乏强有力的推动者和实施者，它的制度选择并不必然意味着正式制度的出现，有些制度选择仍旧只能停留在默察阶段。

下文以自办发行制度为例，从制度选择的微观过程揭示报业制度中第二行动集团的构成及正式制度的生成。1985 年《洛阳日报》自办发行后两年内，有其他地市报加入自办发行行列，但邮发制度并没有进行调整。对于整个邮政系统而言，地方报纸处于邮发报纸的边缘地位，省级、中央级的省内以及跨省、全国发行的报纸是其主要业务来源，尽管流失掉部分地市级报纸的发行业务，并没有对整体性"邮发合一"制度构成压力。相反，在 1987 年，报纸的邮发费率再次调高，邮局的这次举动促成第二行动集团生成。

（一）第二行动集团构成

在自办发行制度中，第二行动集团的构成较为复杂，其成员包括省级、中央级党报；各级报业协会。在自办发行上，新闻出版署持中立态度，在一定程度上默认了自办发行制度的合理性。1991 年年末，人民日报社等 7 家中央级报社写报告给国务院、邮电部及新闻出版署，要求妥善解决报社预订费合理占用及适当降低过高的报纸发行费率。1992 年 3 月左右，浙江省报协向省邮电管理局提出关于要求降低发行费率、及时返还报款的书面意见，在意见末尾说"如不及时解决上述存在问题，自办发行势必逐步扩大。浙江省好几家报社正在着手成立自办发行筹备小组，争

---

① 参见罗必良《新制度经济学》，山西经济出版社 2005 年版，第 161 页。

取 1993 年自办发行。"1992 年 6 月左右，四川省报协为解决省内邮发报纸发行费率过高、报款结算不及时、投送时效差等问题，向省委宣传部、省新闻出版局写报告，提出解决问题的办法。各省报就邮发费率问题与邮政部门的争议由省委宣传部出面协调。

《天津日报》是第一家实行自办发行的省级报纸，开始实行自办发行 3 年后，出现了一些传闻，说《天津日报》管理混乱，要重新交邮局发行。1990 年 12 月 13 日，时任中央政治局常委，中央书记处书记，原天津市委书记李瑞环在关于《天津日报自办发行稳步发展》报告上作了批示："总结经验，巩固提高，不能因为某些枝节问题或与此无关而可以改进的问题，把一个很有希望的好做法丢掉。有的报社没有搞自发也出了问题，又怎么办？"新闻出版署署长王强华在 1991 年 7 月对李瑞环的批示也做出回应："既然瑞环同志已经批示这是一个'很有希望的好做法'，我们可以和财政部门、税务部门和运输部门联系，争取做到与邮发报纸一致或大体一致。"《天津日报》借助政治力量获取了新闻出版署的支持，自办发行得以继续实行。

（二）制度选择结果

报刊发行制度的博弈在微观上表现为报社与邮局的博弈。邮局作为中央直属企业，代表了中央政府的利益。1993 年《邮电部关于调整报刊发行业务有关政策的通知》中规定，"地市级党政机关报发行费率全部放开，由各省（区、市）邮电管理局自行确定费率标准，发往外省部分的订销局费率分成比例为 25%"。此通知确认，"邮发报刊主渠道与其他发行渠道之间的竞争，邮局与邮发报刊社之间的经济利益矛盾将是长期的"。这个说法表明了其他发行渠道存在的合法性；承认了邮局（原来报纸发行方）与报社（报纸生产者）之间所存在的利益之争。至此，中央政府实行"邮发合一"制度的基础，报社和邮局利益的一致性已经不复存在，这一轮博弈打破了中央政府垄断发行的制度，消除了制度的约束力，发行制度朝有利于报社发展的方向转化。

1992 年开始，自办发行制度出现以下三种变化趋势：（1）实行自办发行制度。如上文提到的地市级报纸以及《天津日报》等省级报纸。（2）实行自办发行、邮发并行制度。《广州日报》创立了以自办发行为主、以邮发为辅的发行制度，本埠主要靠自办发行，在外埠仍依托邮发。1994 年《长江日报》也采用了类似的做法，将郊县区、外埠的发行交邮局，城区内进行自办发行。（3）仍旧实行邮发制度，但是前提必须是邮局调整发行费率，及时返还报款。《河北日报》、《山西日报》经省委批准准备实行自办发行，但经邮电部领导与两省进行协调，最后决定仍旧邮发，《河北日报》发行费率仍是 25% 不变，但邮局在年初从发行费中拨给河北日报社 15 万元，相当于降低了 0.9% 的发行率。两报均调整了报款返还制度。地市级党报的发行费率河北降到 25%、山西降到 32%。由此"邮发合一"的制度开始逐渐变化为多渠道发行，自办发行确立了合法制度的地位。报纸发行制度的变化涵盖了诺斯所认为的制度变迁的三种形式：（1）制度在不同层次之间的相互转换。自办发行由非主流观念上升为主流观念。（2）同一层次中不同制度形式之间的相互转换。自发制度由自发试点逐渐演化为正式制度。（3）某一具体规则保持其形式下的内容的变更。邮发制度依然存在，但是其强制性的约束力不再。

第四节　个案研究：两方博弈下的报业集团制度选择

报业集团的出现是在报业市场取得发展之后，报业集团制度与之前的报纸产业制度不同。自办发行、多种经营更多的是体现报社的自主突破，博弈往往都是由报社发起推进的。而在 1994 年之后，尤其是报业集团制度选择，更多体现的是政府对于博弈过程的主导。

一　报业市场的壮大

随着市场经济的发展，信息需求加大。市场以及受众需求明显拉动报业的发展，报人也敏感地认识到报业发展的黄金机会。报业一改 1987 年到 1989 年之间的颓势，迅速发展起来。报纸数目迅速增加，出现"扩版热"与"周末版热"，报业经济收入也相应增加。

（一）报纸扩版热与"周末版热"

20 世纪 80 年代中后期，报业主业的"增量改革"开始进行，代表性的举动是 1987 年 1 月 1 日《广州日报》开始增张扩版。随后扩版渐次展开，到 1993 年初，全国扩版报纸达 130 多家。《计算机世界》成为我国大陆第一份拥有 96 个版面的报纸；《解放日报》扩为 12 版，摘取了省级党报篇幅和信息量两项桂冠。《广州日报》再上台阶，由 12 个版扩为 16

个版。在全国 30 个省、市、区党委机关报中有 17 家扩大了版面，全国计划单列市报纸亦在 1993 年初纷纷登出"告读者"，把版面程度不同地扩上去。① 1992 年，我国报业兴起"周末版热"，仅 1992 年 1 月 4 日（第一个周末）省级以上报纸就有 19 家创办了周末版。翌年，全国 1800 多家报纸中有一半开设了周末版。1992 年，《北京青年报》的《青年周末》也于 1 月 4 日面世，第 1 期发行量为 1.9 万份；第 8 期 8 万份；第 14 期 23 万份。报纸广告应接不暇。"只有办周末版才能走向市场"，这时成了报界的一致看法，"周末版热"热遍全国。②

（二）报纸数迅增与"都市报热"

1991 年以来，报纸数量已持续三年直线上升，1991 年、1992 年两年所增报纸数量分别为 141 种和 191 种，增长率分别为 9.6% 和 11.9%。而 1993 年增长速度超过前两年，新增报纸 248 种，平均每 1.5 天就有一家新报纸问世，增长率为 13.9%，这种增长速度前所未有。截至 1993 年年底，我国公开发行报纸达 2039 种，创我国历史上报纸数量新纪录。此外，我国有 6000 余种获地方准印证的"内部报纸"。二者合计我国报纸总数已逾 8000 种。③

在新出版报纸中，晚报和都市报引人注目。1991 年年底，全国晚报总数只有 51 家。1992 年年底，全国晚报达 78 家。1993 年年底，全国晚报猛增至 104 家。都市报在 20 世纪 90 年代中期接过晚报发展的接力棒。与晚报强调生活服务的定位相比，都市报的新闻性更强。依据郑保卫的定义，都市报为"由党委机关报主办的，面向所在城市市民及周边地区城镇居民的，以反映和服务市民生活为主的综合性新闻报"。④ 在一个城市中不能注册两张"晚报"的规定之下，才有了"都市报"的称谓。1995 年 1 月《华西都市报》的创办并迅速成功引发创办都市报高潮，一批都市报迅速崛起。都市报强调"硬新闻"与本地新闻，在市场上与晚报、机关报的定位有着明显区别，符合受众的"阅读期待"，因而发展迅速。

（三）报纸总收入增加

新报纸的创办、报纸扩版、创办周末版适应市场与受众的需求，收到

①　参见陈晓明《从"周末版潮"到"大扩版热"——当今中国报业发展趋势的立体观照》，《湖北函大学刊》1994 年第 1 期。

②　蔡雯：《对新闻策划的再思考》，《新闻战线》1997 年第 9 期。

③　以上数字依据杨文增《1993 年报纸出版工作综述》，《中国出版年鉴》（1994 年）。

④　郑保卫：《都市报的启示》，《新闻爱好者》2001 年第 4 期。

市场的回报。首先表现为报纸发行量增加。1983 年我国报纸的总印数就达到 186 亿份。20 世纪 90 年代有一个平稳增长期,从 1990 年的 211 亿份,到 1998 年的 300 亿份。与此同时,广告的增长速度也极为惊人。1983 年,我国报纸广告全年总收入仅有 7000 万元。1991 年上升到 37.7 亿元,到 1998 年上升至 104.3 亿元,是 1983 年的 140 余倍。据统计,1991—2002 年,全国广告 10 年中都以 32% 的幅度在递增。从总印数和广告总额的增长可以看出报业结构呈现优化的趋势(见图 4 - 5),报业市场日趋成熟。

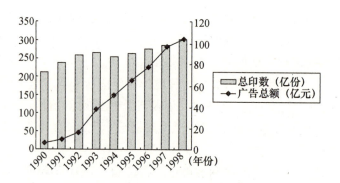

图 4 - 5 1990—1998 年报纸广告和发行量走势

二 报业集团制度选择中的两方博弈

与以往报纸在产业制度选择过程中,报社自主试点、政府默许的格局不同,政府在报业集团制度上对于报社的自主试点没有选择静观默察,而是以行政命令终止了自主试点,在政府充分论证的基础上,政府选择试点单位,主导报业集团的规模和进度。

(一)报社、政府的博弈策略

从报业集团的形成过程来看,报业市场的出现及成型是报业集团的基础条件,但在报业集团制度的形成及推广中,政府起着绝对主导作用。报业集团制度的规划、试点、推广都在政府的掌控之中。在报业集团制度选择中,报社与政府的博弈格局如下(见图 4 - 6):

该博弈过程描述如下:

(1)在报业市场取得先发优势的报社,开始进行志愿试点,自主探索报业集团制度,并纷纷以"集团"自居。大多数较为保守的报社,一方面没有借助报业繁荣获取经济实力，另一方面也倾向于稳妥的制度变迁过程，不愿意承担变迁成本，因而选择不进行"集团化"的尝试，这一状态下报社和政府的收益为（0，0），仍然维持现有的报业格局。

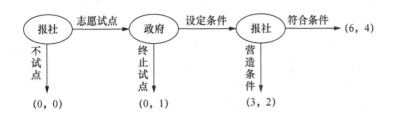

图4-6　报业集团制度中政府与报社的博弈①

（2）面对报业集团的志愿试点，政府没有选择默察或者追认的既往处理方式，对于"志愿试点"予以终止，报社、政府的收益为（0，1），明确在报业集团制度选择上，政府是主导的地位，而志愿试点的报社被叫停，并没有遭受什么处罚，因而回到原有报社格局。同时，政府对于报业集团也提出自己的设想，并提出具体条件。

（3）在具体条件之下，符合条件的报社不断进入试点范围，并同时获得政府给予报业集团的优惠政策，报业集团取得迅速发展。报社、政府的收益分别为（6，4），由于报业集团的经济收益明显，因而报社的收益要大于政府。那些有希望成为报业集团但又不具备条件的报社开始营造条件，在系列报、营利以及人才储备上向政府设定的条件靠拢，报社、政府得益为（3，2），报社在营造条件中必然要发展自己，但是没有报业集团的优惠政策，发展速度有限。这类报社发展也会壮大报业市场，满足受众需求，政府还是能从中得益。下文从报业集团的报社"志愿试点"以及政府的设计规划来详解报业集团制度的博弈过程。

（二）报业集团的"志愿试点"

20世纪90年代中期，由于创办晚报、都市报、扩版、周末版，各级党报不同程度上得到发展，报业经济作为朝阳产业为媒体人所认知，经营

---

① 本博弈收益取0—10的自然数，0为没有收益，10为最大收益。根据博弈方的策略、行为、偏好，比较得出各自收益值。用数字表示收益值能以抽象形式说明博弈主体收益的相对差距。收益数字本身是多少并不重要，关键是收益数字对于这一博弈格局的解释力和适用性。

报业成为报业经济的主题，优化报社的组织机构，形成更利于拓展报业市场的组织结构成为报业改革重点。《羊城晚报》从 1994 年 2 月开始在中国首次实行商业报纸通行的社长领导下的总编辑、总经理负责制，使经营部门同编辑部门平起平坐。《新民晚报》总编亲自抓报业经营，经理参加党政办公会议等最高决策机构。报业集团的概念也开始出现在报业经济关键词当中，诸多报纸开始依据自己的理解组建"报业集团"。1992 年，北京日报社提出"在经营方面，努力完成事业单位企业化管理进程，开始探索报业集团化发展的道路"。① 1993 年，报业集团的探索以创办系列报刊形成"报系"为特点，其模式又可分为三类。

"大报办小报"模式。1993 年许多实力雄厚的大报，利用人才和信息优势，创办系列报刊，使多数中央和省报以上的大报都拥有四五家报刊，其中，《人民日报》拥有五报五刊，《南方日报》拥有四报一刊，《北京日报》拥有三报二刊等。

"×报报业集团"模式。1993 年下半年，"深圳商报报业集团"宣布成立，集团内分为《深圳商报》、《深圳晚报》等五大系统，还有一些报社酝酿成立报业集团。

"一报多版"模式。除综合性中央大报办地方版外，还有一些报纸办起多个版别，如《长江日报》1993 年始创"下午版"，受到读者欢迎；《杭州日报》也创办了"下午版"和电子版（无纸报纸）。②

在报业集团的探索中，因而呈现"多头尝试"的特征：1994 年，河南省新闻出版署在洛阳、开封、平顶山等地试行报业集团办法。③ 1994 年5 月之前，宣称欲走报业集团道路和自行亮出报业集团牌子的报纸就有 20余家。其中，包括《人民日报》、《经济日报》、《中国经营报》、《北京青年报》、《深圳特区报》、《深圳商报》、《解放日报》、《新民晚报》、《长江日报》、《浙江日报》、《哈尔滨日报》、《厂长经理报》、《信息快报》等，④从报纸性质来看，中央级省级机关报、地市级机关报、行业报都有。1995年 11 月山东青岛日报社就在《中国记者》封二位置做彩页广告，大标题

① 吴文虎：《新闻事业经营管理》，高等教育出版社 1999 年版，第 248 页。
② 杨文增：《1993 年报纸出版概述》，《中国出版年鉴》（1994 年）。
③ 赵树东、李明清：《1994 年各省、自治区、直辖市出版概况·河南省》，《中国出版年鉴》（1995 年）。
④ 孙燕君：《报业中国》，中国三峡出版社 2002 年版，第 304 页。

是"初具规模的青岛日报社报业集团"，更有山东信息快报社与黑龙江哈尔滨日报社都成立了公开注册的企业集团公司。① 诸多报纸"志愿试验"报业集团被简化成一个经济概念，成立报业集团是报社为了顺应报业经营的需要。此时报业集团的内涵也极为含糊，系列报、系列版、企业集团甚至其他一些正常的报业经营都以报业集团称谓。

报业集团制度看似还遵循1992年之前报业制度的变迁，报社先进行现实突破，此后政府或追认，或默许制度的实施，然而事实并非如此。

（三）报业集团的政府设计

志愿试点的报社涉及各种性质的报纸，政府对于这种试点并不认同。改革初期的报业制度变迁中边缘突破的规则不再适用，政府对于报业制度有着自己的思考与设计。报业集团尽管如前文所述在各种报社内"试水"，但政府还是通过自己的行政力量与政治影响将报业集团制度的讨论、试点、推广纳入自己控制范围内。报业集团制度"'自上而下'式的资源重组具有显见的突变性质"。②

政府对报业集团的关注最早可以追溯到新闻出版署〔1994〕356号文件《关于书报刊音像出版单位成立集团问题的通知》，文件中指示各省市自治区开始少量试点，同时指出报业集团必须通告审批，"各省自治区直辖市的书报刊音像出版单位组建集团须先经其主管部门核准，报当地及省自治区直辖市新闻出版局核准并征得省自治区直辖市党委宣传部门同意，然后报新闻出版署审批。中央各部委的书报刊音像出版单位组建集团须先经主管部委核准后报新闻出版署审批"。这与以往制度边缘突破时新闻出版署持默认观望的态度不同。通知发出后，又一一告诉那些已经公布自己为报业集团的报社，统统取消"报业集团"的称呼。③ 在终止自愿试点之后，新闻出版署开始主持设计报业集团制度的原则以及构架。

1994年6月新闻出版署在杭州组织了"全国首次报业集团问题研讨会"，会议提出了以党报为主组建报业集团试点的设想，并拟定了组建报业集团必须具备的基本条件：④ （1）传媒实力；（2）经济实力；（3）人

---

① 曹鹏：《中国报业集团发展研究》，新华出版社1999年版，第141页。

② 李兆丰：《新闻改革：超越"边缘突破"——中国传媒集团化进程的制度分析》，《南方电视学刊》2003年第2期。

③ 陆小华：《整合传媒——传媒竞争趋势与对策》，中信出版社2002年版，第112页。

④ 陆小华：《整合传媒——传媒竞争趋势与对策》，中信出版社2002年版，第113页。

才实力；（4）技术实力；（5）发行实力。尽管对报业集团限制了条件，但报业集团制度究竟怎样开展并没有定论。出席此次会议的均为省级以上报纸，《广州日报》并不在考虑之列。"一些知晓会议内容的业内人士普遍认为，《广州日报》在新闻出版署会后的慎重行事中捡了一个大便宜，也毫不犹豫地抓住了这次机遇"。① 新闻出版署经过一年多的论证和考察，在两个城市党报中，1996 年 1 月最终选定《广州日报》作为国内首家报业集团的试点单位。② 在报业集团制度选择中，政府的理性首先表现在对现存制度选择中的报社"自发"行为予以终止，由政府直接掌控制度选择的方向及节奏。以往政府往往是报业制度的"追认者"，报业集团制度则由政府具体规划。在确立新制度的原则与目标后，报业集团制度扩散也较为顺利。

三　报业集团制度变迁中的政治诉求

在报业集团的博弈过程中，政府无疑修改了之前报业制度的博弈规则，政府掌控整个博弈格局走向，这是政府在对报业发展走势以及新形势下如何进行报业管理综合考虑后，做出的理性判断。报业集团制度中的政府设计具有自上而下的特点，带有强制性变迁的色彩。在报业集团建立时，对于具体的报社而言，更为看重报业集团所拥有的经济优势。而对于政府而言，报业集团所带来的报业集中趋势带有浓厚的政治意味。

通过报业集团的建立强化党和政府对于整个报业市场的控制与影响，报业集中与报业控制权集中的重合性更为政府所看重。新闻出版署组织的"全国首次报业集团问题研讨会"会中，从五个方面说明建设报业集团的必要性：组建报业集团是世界报业发展的一个规律，是报业发展到一定阶段的必然趋势；建立报业集团是加强正确舆论导向的需要；组建报业集团是壮大我国报业经济实力的需要；组建报业集团是强化报业管理的需要；组建报业集团是推进报社内部体制改革的需要。从这五个方面中不难看出强化报业管理和加强舆论引导在报业集团建设中的重要地位。在报业集团建设中，增强党报实力、治理报纸散滥以及增强宣传能力是报业集团制度选择中政府的政治诉求，以下分述政府在报业集团制度博弈中的鲜明政治诉求。

---

① 喻乐、朱学东：《集团化苦旅之上篇　破冰之旅》，《传媒》2003 年第 9 期。

② 参见陆小华《整合媒介——传媒竞争趋势与对策》，中信出版社 2002 年版，第 114 页。

（一）增加宣传能力

在渐进式总的改革思路下，增量改革的具体实施减少了新旧制度交替的制度成本，完成了报业从单一事业属性向双重属性的过渡。"增量改革"的根本原则就是在"保持媒介原有的功能、使命的前提下，通过新增的版面、内容和运营方式等从结构上去完成一个媒介对于社会发展适应性改变的转型。这种通过量的增加来实现质的改变的做法充满了中国式的智慧，成为中国报业实现现代化转型的成功模式之一"。① 但是增量改革通俗来看是对于报业制度的外围，也就是非核心层的发展，因此，对于政府而言报业渐进式改革的弊端出现了，那就是：（1）报纸非机关报的数量增多。早在1992年这种趋势就已经相当明显，传统的报业结构也因之有所改变，正在由以往清一色的机关报结构改变为以机关报为主（共575种，占32%），呈现多层次、多类别、多元化的报业结构。② 1993年这个比例进一步下降为30.6%。（2）报业市场中具有经济影响、社会影响的报纸大都是非机关报，晚报、新创办的都市报以及已改版为市民报的城市党报（如《广州日报》）。

随着非机关报在数量上的增加及在报业市场的活跃，党报作为舆论调控的影响力无疑被弱化了，强化党报的影响力，保持政府对于新闻宣传的掌控能力是报业市场化进程中的新问题。报业集团有向系列报发展的取向。报业集团是报业集中化，报业市场上的资金、受众资源都会向报业集团聚集。报业集团可以被塑造为政府在报业市场中的"管理代理者"，对旗下的子报、子刊行使调控、协调、管理的职能；同时利用集团本身的影响力对新闻产品市场的供给产生影响。由此可见，报业集团的"党报"属性是必须被强调的。

在《关于成立深圳特区报业集团的请示》的同意批复中，第一条首先强调："深圳特区报业集团成立后，《深圳特区报》作为市委机关报的性质不变，党的喉舌作用只能加强不能削弱。市委宣传部对深圳特区报业集团新闻舆论工作管理的模式和做法不变。"2001年2月，新闻出版署在上海召开了"报业集团建设发展座谈会"。16家报业集团的主要负责同志出席了会议。多数报业集团首先强调：（1）成立报业集团后，党的领导

---

① 喻国明：《以"增量改革"方式完成从传统向现代转型》，《广州日报》2006年1月12日。

② 以上数字依据杨文增《1992年报纸出版工作综述》，《中国出版年鉴》（1993年）。

更为加强；（2）报业集团更加重视宣传引导。从理论上讲，控制十几家报业集团比控制上百家报纸容易得多。① 正如时任广东省委宣传部部长的于幼军所说，"党报组建报业集团的根本目的，是为了保证党委机关报在政治上的权威性、舆论上的正确性、经济上的独立性，进一步增强党委机关报的经济实力和在社会上的竞争力、影响力，更好地发挥党报作为党和人民喉舌的作用"。②

（二）优化报业结构

1995 年由新闻出版署拟定《关于进行报业集团试点的请示》呈中宣部，表示为了实现新闻出版工作向优质高效转型的战略目标，"兼并那些或重复，或质量低，或经营差的报纸"，要适时组建报业集团。在这份请示中，附有广州日报建立报业集团的报告。③ 由此可以看出，治理报纸的散滥，优化报业结构是报业集团出生必须附带的功能。1997 年"面向 21世纪中国报业经济发展研讨会纪要"中提出"按照报业集团紧密层、半紧密层、松散层的模式，以大报带小报、机关报带专业报的方式，把一些报纸组织起来，形成报业集团，是进一步办好报纸，加强管理，壮大报业经济实力的有效途径"。④

1999 年，时任新闻出版署报刊司司长的刘波形象地形容了政府利用报业集团优化报业结构的实施方式：

> 当年组建报业集团，有个用意是想让它在竞争中兼并小报小刊。但从现时看来，兼并实非易事。我国的报纸山头林立，大大小小都有主管单位。报纸是我的，我的报纸影响大小、赚钱多少是我这个单位的事，就是贴钱办报，我愿意，和你报业集团有什么关系？你想要，我就是不给。面对这样的现实，报业集团想再办报办刊就有很大难度。怎么办？我看可以给它一定的政策。它想办什么子报、子刊，只要有道理，就批给它。它有经济实力、人才实力、技术实力、发行实力，能办一张成一张，越办越多，

① 孙燕君：《报业中国》，中国三峡出版社 2002 年版，第 319 页。
② 于幼军：《党报组建报业集团要取得两个突破》，《中国报业》1998 年第 6 期。
③ 喻乐、朱学东：《集团化苦旅之上篇 破冰之旅》，《传媒》2003 年第 9 期。
④ 《面向 21 世纪中国报业经济发展研讨会纪要》，《中国报业》总第 102、103 期，1997 年6 月 10 日。

市场越占越大，就可以把那些不景气的小报挤垮。这岂不是好事？①

刘波的讲话中提到两个重点，其一是报业集团兼并其他报纸是报业集团预设的重要功能，但并未有效实现；其二是通过报业集团占据报业市场，通过经济手段优化报业结构是更为有效的方式。报业集团优化报业结构的作用正是通过这两种途径达到的。通过兼并或者创办新报，在党报之下形成系列报，是优化报业结构的设想。1998 年新增报纸中，党报及党报办的子报有 24 家，占 42.9%，党报及子报在全国报纸所占的比例由治理前的 35.5% 上升到 40%。1999 年新闻出版署强调继续优化报业结构，工作重点中的"两个加强"的一强就是加强党报主阵地，实现途径是"继续在批办子报子刊上给党报以政策上的倾斜和扶持；继续扩大以党报为龙头的报业集团试点"。② 通过兼并与子报的创办，党报旗下报纸数量显著增加，满足了报业集团成立的硬条件，1999 年之后，报业集团数目迅速增长。

（三）应对入世挑战

2000 年之后，WTO 屡屡出现在传媒改革各种形式的研讨中。政府官员、新闻业者、新闻学者对加入 WTO 抱有一种喜忧参半的态度，议题的重点是"机遇与挑战"。2001 年 1 月时代新闻出版署署长的石宗源在全国新闻出版局长会议上的讲话中，开宗明义地提出，"我们组建集团的目的，是为了提高出版产业集约化经营能力和增强国有经济在出版物市场上的控制力，是为了迎接加入世界贸易组织后可能出现的竞争和挑战"。③ 石宗源署长的讲话将迎接"入世挑战"与报业集团制度实施的必要性相联系。

报业集团的运营实践中也充满对入世话语的回应。"2000 年世纪之交，我国行将加入 WTO。原本仅仅为'控制总量，调整结构，提高质量，增进效益'的报业'集团化'，开始承载应对西方媒体竞争的命题。于

---

① 刘波：《关于报业集团》，《报刊管理》1999 年第 4 期。

② 梁衡：《治理有成效 任务仍艰巨——报刊治理整顿情况通报》，《报刊管理》1999 年第 1 期。

③ 石宗源：《认真抓好出版集团报业集团和发行集团的试点工作——在全国新闻出版局长会议上的讲话（摘要）》，《传媒》2001 年第 3 期。

是，'做大做强'很快占据报业'集团化'话语的中心。"① 在这种话语方式之下，报业集团被赋予维护"舆论阵地"的重任。一方面，没有报业集团的省份开始加快报业集团条件的建设，积极应对"入世挑战"；另一方面，已有的报业集团开始扩展业务范围、优化集团结构，目的是维护"宣传阵地"。WTO 话语在上层和下层之间成功实现了转换与互动。

本章小结

改革开放以来总体性社会向分化性社会演变，表现为中央计划的削弱以及企业自主性的增加，市场成为配置资源的重要力量。传媒产业发展与经济改革保持同步，1992 年之前，报业制度博弈由报社发起，对于博弈成功的渴望促使报社充分利用了信息不对称应对政府的权力不对称，使报业在渐进中得到发展。报业制度选择路径表现为：由低级别的报纸发起制度博弈，引发高级别的报纸参与，最终政府认可形成正式制度，这其中地方政府充当了关键角色。1992 年之后，报业制度博弈格局由政府主导。报业集团的成立就是典型代表，报业集团制度选择的节奏、范围、标准都由政府绝对操控。

---

① 魏铁群：《中国报业集团十年足迹》，《中国记者》2006 年第 3 期。

第五章 三方博弈：加入 WTO 与报业制度选择

"入世"无异于一次大规模的强制性制度变迁。WTO 改变了中国报业的封闭状态，最重要的是确立了资本在报业中的合法位置。报业制度博弈格局从两方博弈进入三方博弈。依据现行规定，资本无权单独创办报纸，无法直接与政府进行博弈，资本利益更多通过报社代理实现。在三方博弈格局中，报社和资本之间的合作关系非常关键，是免受政府处罚、实现资本增值的基础。2003 年以来，文化体制改革波及报业制度，公益性事业与经营性产业两分开是改制目标。报业却将此两分开置换为宣传、经营两分开，开始进行"剥离转制"，造成报纸产业链的断裂，使博弈三方的利益都遭受侵害，博弈处于非均衡状态。在资本的参与下，我国有两次跨地区办报高潮，非党报身份和属地问题使政府对跨地区办报从放转收，显示了在现有格局下，报纸远未实现真正的产业化。

第一节 加入 WTO 前后的报业制度安排

戴维斯和诺斯认为从外部借用相似安排能缩短制度的发明时滞[1]，"入世"对于中国而言，意味着制度硬性接轨和快速移植。非歧视原则、市场准入原则、互惠原则、公平竞争、公平贸易原则、贸易政策法规透明原则为 WTO 成员国的国际商业活动提供了基本的法律规则，一切违背原则的活动会受到相应的惩罚或制裁。从这个角度看，接轨压力使得我国对法律规定中与 WTO 协议不一致的方面做出修订。中国"入世"后评估和

---

① ［美］L. E. 戴维斯、D. C. 诺斯：《制度创新的理论：描述、类推与说明》，选自［美］R. 科斯、A. 阿尔钦、D. 诺斯《财产权利与制度变迁——产权学派与新制度学派译文集》，上海三联书店 1994 年版，第 316—320 页。

修改了上千条法规，使其与 WTO 规则相一致。① 这样大规模、整体性制度变迁是 1978 年以来改革开放进程中未曾有过的，这是经济体制转轨关键阶段的一次大规模"制度移植"，实质上是"一次强制性制度变迁"。② WTO 对我国制度选择的影响在三个层次展开：其一为直接变革效应。到 2005 年，为适应 WTO 规则，履行"入世"承诺，中国共修改了 2000 多项法律法规，并废除了 800 多项法规。其二为制度扩散效应。履行加入 WTO 时承诺的强制性制度供给导致新的制度失衡，会聚集成为出台新制度的需求。其三为反馈效应。先行变革的制度受到后续变革的回馈影响，产生新的不均衡。③

一　加入 WTO 与政府转型

WTO 协议的功能是约束各国政府，将其贸易政策限制在议定的范围内。在"入世"之初，诸多学者一致同意，"入世"主要是"政府入世"。④ 我国入世签署的 WTO 的 23 个协议，除了两个条款提到企业外，其余条款均是对政府行为的规范，其目的是消除和限制成员国对跨国（境）贸易的干预。WTO 原则对于政府职能从宏观到微观有详尽规定，政府决策的透明性、服务化、有限性、法制化是政府治理方式改革的目标。

（1）透明性政府。透明度原则是 WTO 的一项基本原则，包括三个方面，第一，公布和告知原则：各成员方政府公布所有与对外贸易有关的法律、法规、规章、协议、协定、条例、行政决定等；第二，建立通报（Notification）制度，要求各成员方政府必须履行通报的义务；第三，要求各成员方政府设立信息咨询点，提供信息咨询服务。

（2）服务型政府。我国政府过去更多是权力政府、管理政府。WTO 的规则与协议为政府与企业的关系提供了某种规范，其基本原则是：为企业服务应当成为政府的根本目的；政府与企业是建立在法律基础上的对等

---

① 孙亚菲：《中国的市场经济地位为什么需要别国承认？》，《南方周末》2004 年 7 月 9 日。

② 张霖：《一次强制性制度变迁——WTO 与中国银行业发展的新制度经济学分析》，《中国外汇管理》2000 年第 8 期。

③ 参见赵伟、黄上国《履行加入 WTO 承诺与中国制度变迁——基于非均衡状态的分析与预期》，《浙江大学学报》（人文社会科学版）2003 年第 2 期。

④ 龙永图提出中国"入世"最大的挑战是"政府入世"，相当多的学者对这一观点表示认同，如顾爱华、刘宇《论入世后政府职能的转变》、毛阳海等《中国入世对政府的影响及政府应对问题》、徐加明的《政府"入世"的职能定位和对策》等文章都有所论述。

关系；政府对企业的行政管理方式应当转变。① 在此基础上，政府在法律的范围内为企业提供服务是政府职能的转型，无权通过行政手段或其他非法律手段干涉企业活动。

（3）有限性政府。贸易和投资市场的开放，要求政府的管理权限和管理方式要相应变化。WTO 原则之下使政府在经济领域的活动空间有限。政府将限制进入微观的经济领域，工作重点将放在经济调节、社会管理、公共服务上来，把企业的生产经营权和投资决策权真正交给企业，把社会可以自我调节和管理的职能交给社会中介组织，不宜管得太多。

（4）法制化行政。政府遵守 WTO 规则，改革行政管理体制，真正坚持依法行政，从随意政府行为向规则政府行为转换。由于我国行政法不健全，许多行政行为方式尚未纳入法律调控范围，政府的行政行为往往有较大的自由裁量权，加之有些行政工作人员素质不高，导致主观臆断，行为的随意性较强。②

二　加入 WTO 与报业属性

经济体制改革进行整体推进，报业体制依旧停留在"双重属性"的模糊阶段，显然已经不能符合时代的大趋势，这会导致报社在事业和企业之间左右摇摆，政企不分、政事不分现象会严重阻滞报业壮大发展。报业属性的向前迈进已是大势所趋，加入 WTO 更为报业发展带来了机遇。

（一）转换语境：从封闭到开放

在我国签署的 WTO 协议中，直接涉及媒介的是出版贸易、分销服务和版权保护的开放，并没有提及资本可以进入新闻编辑领域。迄今为止，国内媒介与跨国传媒集团大战的局面并没有出现。但据此认为"传媒入世"是杜撰，或许失之表面。"传媒入世"关键是在 WTO 的背景下，传媒市场不断开放的过程。在确立"市场经济地位"③ 的压力之下，将限制

---

① 魏杰、赵俊超：《加入 WTO 以后的政府与企业的关系》，《理论前沿》2002 年第 1 期。
② 饶常林：《WTO 推动政府行为法治化》，《行政论坛》2003 年第 6 期。
③ 2001 年，中国加入 WTO 时，迫于谈判压力，勉强同意针对其出口商品的反倾销案件中，在 15 年内被作为"非市场经济"国家对待。是不是市场经济国家，是反倾销调查确定倾销幅度时一个常用的重要概念。反倾销案发起国的调查当局如果认定调查商品的出口国为非市场经济国家，将引用与出口国经济发展水平大致相当的市场经济国家〔替代国（surrogate country）〕的成本等数据计算所谓正常价值（normal value）并进而确定倾销幅度，施以对应的征税措施。中国很容易遭受反倾销攻击。转引自北京师范大学经济与资源管理所《中国市场经济发展报告 2003（简本）》，人民网，2003 年 4 月 14 日。

进入行业更多开放是必然选择。文化建设方面的改革要与经济体制改革保持一致与和谐，这是加入 WTO 所带来的无形压力。我国已经承认文化的产业属性，对资本进入范围数量的限制必须诉诸法制、规范操作。外资进入后如何实现两个效益的平衡是报业制度选择中必须考虑的问题。应该说，我国现有的文化体制包括报业体制的实际建设是滞后的，就如《人民日报》评论员文章指出的，"文化体制与人民群众日益增长的精神文化需求、全面建设小康社会的目标任务不相适应，与完善社会主义市场经济体制、进一步扩大对外开放的新形势不相适应，与依法治国、加快社会主义法制建设的环境不相适应，与高新技术在文化领域迅猛发展和广泛应用的趋势不相适应"。[①]

我国报业现在还未形成一个全国性的市场，地方保护主义、行业保护主义充斥，在这种背景下，开放报业不能停留在开放报社的外围如广告、发行、印刷等领域。必须提出一个兼具宏观管理和微观操作的报业体制改革具体方案，政治体制、经济体制、报业特点必须兼顾；社会效益和经济效益必须兼顾；国有资本、业外资本、从业人员收益必须兼顾。不能实现各方利益平衡的改革方案将难以经受考验，将会导致社会效益和经济效益的双重损失。

（二）打破均衡：从两方到三方

WTO 使资本的身份在报业发展中浮出水面。资本进入报业由来已久：合法层次上有《计算机世界》的中外合资；1999 年《成都商报》借壳上市等。事实上资本进入报业时间可以推算到 10 年之前甚至更早。1995 年，广东省报纸或明或暗与企业有合作关系的约有 30 多家，被认为是"不规范的股份制"。合作有多种形式：联合办报型；参与经营型；合作单位、稿件优先型；理事会决策、采编独立负责型。[②] 有些形式接近现有报业融资制度：资本允许进入报社经营；有些接近股份制形式：出资方成立理事会，采编独立运行；有些属于探索阶段：资本进入到办报核心，享有报纸的所有权；有些实属有偿新闻：通过赞助形式，获取刊登"新闻稿"的权力。

---

① 人民日报评论员：《充分认识文化体制改革的重要性紧迫性——论学习贯彻〈中共中央国务院关于深化文化体制改革的若干意见〉》，《人民日报》2006 年 1 月 12 日。

② 中宣部新闻调研小组：《中国报业总量结构效益调查》，新华出版社 1996 年版，第 13 页。

资本身影在时下某些颇具实力的报纸中时有显现，"报业奇迹"背后都有资本的推动。华商报与成都商报是其中的代表。陕西《华商报》由陕西省侨联创办，因发生巨额亏损，"张富汉 1997 年主政《华商报》后，华圣集团为其注资 400 万元，张富汉拿着这一点资金，着力理顺了报纸与管理部门的关系，拼尽全力，将《华商报》改造成为一份大众生活类都市报"。①在华圣集团的网站中写道，"隶属于华圣集团、由省侨联主管的《华商报》超常规发展，发行量居西北报业之最"。②《成都商报》创办初期经常"违规"操作，资本从一开始就介入编辑环节。"在《成都商报》还没有获得正式刊号的初期阶段，主办单位没有任何的投入，主要是何华章筹集了部分资金。后来，正在成都建大型主题公园及房地产开发的深圳蛇口泰山集团等几家企业向报社注入了 120 万元"。③随后的拓展阶段，"《成都商报》将不属新闻的服务类版面承包给团体或个人，根据不同的条件，一年收取 20 万—30 万元不等的管理费，这样既实现了《成都商报》的扩张意图，又满足了业外资本的投资欲望"。④

较之《华商报》、《成都商报》的成功，《惠州晚报》的融资以失败告终并实行了破产。1995 年《惠州晚报》经济效益不佳，主办部门决定对其进行融资，经纬实业公司投资控股 80%，主管部门占股 20%。协议规定：《惠州晚报》的社长和总编由深圳经纬实业公司提名后经主管部门审批，副职直接由经纬实业公司任命。这样一来报社采编经营的一把手基本上都由经纬公司来确定，相当于编辑权、经营权以及人事权均拱手让给了企业。⑤融资之后经营仍然不见起色，在总编辑人选上各方意见不一。最后，1998 年 8 月《惠州晚报》停刊。2000 年新闻出版署正式发文，对违规出版的《惠州晚报》作出注销刊号的处理决定。中国经营报的产权界定强调国有资产在报社的唯一合法性地位，对资本进入也作出明确限定。因此，虽然媒介的发展取向与资本的利润取向高度重合，报业市场资本暗流涌动，但总是以"幕后推手"的身份发挥作用。

---

① 匿名：《张富汉：绘制报业扩张的蓝图》，人民网，2006 年 2 月 23 日，http://media.people.com.cn/GB/22114/58939/58972/4136074.html。

② 《陕西华圣（集团）股份有限公司先进事迹》，华圣集团网站，http://www.huasheng-fruit.com。

③ 参见赵曙光等《中国著名媒体经典案例剖析》，新华出版社 2002 年版，第 227 页。

④ 同上。

⑤ 参见张志安《惠州晚报——国内第一家破产的报纸》，《今传媒》2004 年第 6 期。

我们不得不面对的是，中国报业融资制度进展缓慢，非常滞后。尽管有试点，但都是控制之下的突破，如《计算机世界》、《成都商报》等。借由加入 WTO，资本进入意图开始逐渐明朗化，或允许或禁止有着明确的规定与界限。

（三）调整力度：从边缘到核心

经过 20 年的变迁过程，报业制度遵循"边缘突破"的原则，在外围逐次突破。我国报业市场逐渐形成，报业经济规模呈现良性发展。渐进式改革毕竟有着自身的不足，报业制度选择中刻意回避了与产权及意识形态相关的内容；渐进式改革强调增强报纸"市场因素"的同时，事业企业两者之间的矛盾逐渐成型，甚至强化，对下一步改革的推进造成困难。"对改革难点问题和关键问题的刻意回避，并不意味着这些问题能够自动得到解决……改革的难点和关键问题客观上也存在着一个在量上不断累积的过程……不断累积的各种问题和矛盾，意味着改革阻力的进一步加大，改革难度的进一步增加。这对渐进式改革本身而言就是另一种考验。"[①]喻国明将此前进行的报业改革解读为"微观改革胜于宏观改革，观念改革胜于体制改革，增量传媒改革胜于存量传媒改革"。[②] 报纸增量发展即将进入平台期，上升空间有限。报业制度改革最终走向报业体制的改革。报业制度核心是产权制度，能否完成从报业经营制度改革到报业体制改革，在一定程度上决定了我国报业经济的发展水平和发展规模。

三　报业融资与报业改制

从 1978 年"事业单位、企业化管理"到 1996 年报业集团的成立，报业制度的边缘改革逐渐走到了尽头，下一步要改革的是报业制度的核心。WTO 对于放开行业进入限制以及消除区域垄断、行业垄断以及行政垄断的要求同样适用于报业。在报业市场规则逐渐成型后，面对 WTO 带来的"接轨"要求，政府将更深层次地介入报业制度创新。"政府认识到从前的外部规则不利于保全自身的根本利益，可能会威胁政府的垄断地位，便转而求助新的、具有竞争优势的外部规则，以适应环境和条件的复杂变化。"[③]

① 参见曹子坚《重新审视"渐进式改革"》，《中国改革》2005 年第 8 期。

② 喻国明：《要重视传媒改革的安全问题》，《传媒》2005 年第 4 期。

③ 王廷惠：《微观规制理论研究——基于对正统理论的批判和将市场作为一个过程的理解》，中国社会科学出版社 2005 年版，第 608 页。

（一）报业融资制度的变迁

国家有明确的规定，报纸是不允许被转让的。根据 1990 年《报纸管理暂行规定》第 24 条，"报纸经批准登记注册后，严禁转让其刊号和出版权，其他单位或个人不得以出资代办或其他方式控制或接管报纸"。1994 年新闻出版署在《关于书报刊音像出版单位成立集团问题的通知》明确规定不组织股份报业机构；不吸收与报业无关的企业、商业参加。1997 年《关于严格禁止买卖书号、刊号、版号等问题的若干规定》第一条规定"严禁出版单位买卖书号、刊号、版号。凡是以管理费、书号费、刊号费、版号费或其他名义收取费用，出让国家出版行政部门赋予的权力，给外单位或个人提供书号、刊号、版号和办理有关手续，放弃编辑、校对、印刷、复制、发行等任何一个环节的职责，使其以出版单位的名义牟利，均按买卖书号、刊号、版号查处"。1999 年新闻出版署关于加强报纸出版管理重申有关规定的通知中说："报纸的专版、专刊不得出让出版权，也不得以任何形式承包、租赁给报社以外①的单位及个人。"可以看出，直到 20 世纪 90 年代末业外资本基本上不被报业接受，几乎不能进入所有的报纸出版环节。

2001 年是媒介资本联姻的关键年，在加入 WTO 之前让国内资本提前进入的提法开始出现。《中央宣传部、国家广电总局、新闻出版总署关于深化新闻出版广播影视业改革的若干意见》（即 17 号文件），提出要"开辟安全有效融资渠道，提高资本运作效率"。根据规定，报业集团的新闻宣传部门经批准可在新闻出版广播影视部门融资；其经营部门，如报刊的印刷发行，经批准可以以有限责任公司或股份有限公司的形式，由集团控股，吸收国有大型企事业单位的资金，但投资方不参与宣传业务和经营管理。规定最后说明"不得擅自扩大融资渠道"。对于安全与高效，石宗源的解释是："'安全'是指融资活动不得干扰编辑出版业务，'高效'则是指所融资金要为加强主业服务。"同时强调，"融资要特别注意三个方面：（1）融资的性质、资金的来源是否会对出版产业的方向产生好的影响；（2）融资必须为发展壮大主业服务；（3）融资不能遍地开花，必须有重

---

① 这是不是意味着可以承包给报社内的单位和个人，直至今天，以专刊专版出版的"广告版"或者"软新闻"仍然出现在各类报纸上，事实上造成了编辑经营分不开。

点、有秩序地进行"。① 此规定强调了国有资本的地位，并根据业内业外不同，限制了允许进入的报业环节。2002 年，新闻出版总署《关于规范新闻出版业融资活动的实施意见》中提及：试点报业集团可以合作的方式在全国新闻出版系统融资；经省、自治区、直辖市新闻出版管理部门同意并报新闻出版总署批准，试点集团可以项目合作的方式，吸纳国有企事业单位的资金。投资方不得介入编辑业务，所吸纳的资金严格限制在经批准的项目内使用。2002 年，中国证券监督管理委员会颁布的《上市公司行业分类指引》，将"传播与文化产业"增列确定为上市公司的 13 个基本产业门类之一。其中，传播与文化产业又分为出版、声像广播电影电视、艺术、信息传播业 4 个大类。这意味着无论是国有还是民营文化企业在上市融资方面已经基本上没有政策障碍。

（二）文化体制改革进程

2000 年 10 月，中共十五届五中全会通过的《中共中央关于制定国民经济和社会发展第十个五年计划的建议》第一次提出了"文化产业"的概念，标志着我国对于文化产业的承认。2001 年"17 号文件"提出文化体制改革要以发展为主题，以结构调整为主线，以集团化建设为重点和突破口，着重在宏观管理体制、微观运行机制、政策法律体系、市场环境、开放格局 5 个方面积极进行探索创新，以进一步壮大实力，增强活力，提高竞争力。2002 年中共十六大把文化单位分成两大类：一类是公益性事业，即为公共事业服务，隶属于国家的一些事业性质的部门，今后继续以事业体制进行管理；另一类是经营性产业，今后要按现代企业制度进行体制创新，它的产品要通过市场来实现其价值。至此，文化体制改革的具体思路已经出现，报业作为两种属性集于一身的事业单位也属改制范围。2003 年，党的十六届三中全会通过的《完善社会主义市场经济体制若干问题的决定》明确提出逐步建立党委领导、政府管理、行业自律、企事业单位依法运营的文化管理体制。公益性文化事业单位要深化劳动人事、收入分配和社会保障制度改革，加大国家投入，增强活力，改善服务；经营性文化单位要创新体制，转换机制，面向市场，壮大实力。2003 年 6 月在北京召开了全国文化体制改革试点工作会议，专门研究部署文化体制

① 石宗源：《深化改革，加快发展，走有中国特色社会主义的新闻出版业发展之路》，《出版经济》2002 年第 2 期。

改革试点工作。2004 年党的十六届四中全会通过《中共中央关于加强党的执政能力建设的决定》要求："深化文化体制改革，解放和发展文化生产力。根据社会主义精神文明建设的特点和规律，适应社会主义市场经济的要求，进一步革除制约文化发展的体制性障碍。"

　　2005 年 12 月中共中央、国务院发出《关于深化文化体制改革的若干意见》。该文件有三个亮点：其一为"意识形态有限"：文化活动固然有其重要的意识形态宣传教化功能，毕竟也同时包含许多较淡意识形态色彩，甚至基本不含意识形态成分的其他部分。其二为"依法进行文化管理"：相比于其他经济和社会领域，我国在文化管理方面的法制化程度尚有待提高。其三为"继续开放文化产业"：文化产业是目前我国公有制经济绝对主导的少数几个领域之一，虽然近年来一些国内私营及海外资本陆续进入了如印刷、发行、广告、电影电视制作等文化产业，但总的来说，我们的文化事业对于非公有资本依然是壁垒森严，即便是少数允许进入的领域，也往往有着苛刻的限制。2006 年 7 月新闻出版总署《关于深化出版发行体制改革工作实施方案》在承认前一阶段试点成绩的基础上，认为"束缚新闻出版业健康快速发展的体制弊端和机制障碍仍然存在"。在这种情况下必须"大力推动微观运行体制机制改革，重塑市场主体"。在报业改革上，党报、党刊、时政类报刊以及少数承担政治性、公益性出版任务的出版单位实行事业体制；支持和推动中央和国家机关所属在京的一般出版单位和文化、艺术、生活、科普类报刊社逐步转企改制。2006 年选择中国计算机报社、机电商报社为转制改革试点；2007 年重点在国家机关有关部委、行业协会、群众团体、科研机构所属出版单位进行转企改制试点；2008 年重点研究和推进中央直属机关和有关部门以及民主党派所属出版单位的改革试点工作，取得经验后逐步全面推开。

　　2011 年 5 月，《中共中央、国务院办公厅关于深化非时政类报刊出版单位体制改革的意见》出台，根据非时政类报刊的不同性质和功能，分期分批进行转制。省级、副省级和省会城市党委机关报刊所属的非时政类报刊出版单位，文化、艺术、生活、科普等非时政类报刊出版单位，专业技术性较强的行业性报刊出版单位，隶属于法人企业的报刊出版单位，要先行转制。鼓励和支持其他非时政类报刊出版单位申请先行转制。晚报、都市类和财经类报刊不同于一般非时政类报刊，承担着重要的舆论引导职责，按照有利于做大做强主流媒体的要求，中央各部门各单位所属的都市类和财经类报刊，省级和副省级及省会城市党报党刊所属的晚报、都市类和财经类报刊等出版单位，经批准可进行转制。按照规定，非时政类报刊出版单位体制改革，须在 2012 年 9 月底前全面完成转企改制任务。从改革的进程来看，行业报、专业报转企问题不大，改革的效率较高。晚报、都市报的转企难在性质的界定，中央文件给予地方政府和媒体更多的空间，"经批准可进行转制"在政策执行上地方政府具有主动权，事实来看，晚报、都市报"整体转企"的不多。

在报业改制进程中，基本出现三种情况。一是剥离改制，编辑和经营两分开，即将广告、印刷、发行等报社经营部门，在确保国有控股的情况下转制为企业，这个原则适用于报业集团以及党报社。二是整体转制为企业。如北京青年报旗下的《北京科技报》，实行一步转企，明确产权关系，建立现代企业制度。三是直接进行股份制改造。专业报纸大都遵循此类的改制方式，如《中国证券报》、《电脑报》和《中国保险报》等。

第二节 三方博弈：寻求制度均衡

关于资本的概念可谓是众说纷纭。亚当·斯密认为，"全部资货分成两部分。他希望从以取得收入的部分，称为资本。另一部分，则供其消费"。[①] 斯密的概念将增值界定为资本的根本属性。马克思认为，资本是指为少数人（资本家）所有的对无产者进行剥削和压迫的工具，资本在本质上反映了资产阶级与无产阶级在资本主义制度下存在的剥削与被剥削、压迫与被压迫的关系。马克思有一句为人熟知的形容原始积累中的资本属性的话："资本来到世间，从头到脚，每个毛孔都滴着血和肮脏的东西。"马克思对于资本的定义强调了资本的社会属性，对于资本的自然属性反而在一定程度上弱化，由此也影响了我国对于资本的认识。

马克思强调了资本的社会属性——生产关系属性，而斯密强调了资本的自然属性——生产力的属性。过去对资本的认识局限于生产关系属性，忽略生产力属性。"因而在社会主义经济中，不承认资本的存在，用社会

---

① ［英］亚当·斯密：《国民财富的性质和原因的研究》上卷，郭大力、王亚南译，商务印书馆1979 年版，第 254 页。

主义的'资金'概念取代。"① 在社会主义市场经济逐渐确立之后，资本这个长期被判定为资本主义社会特有的经济范畴，重又加入到经济生活中，资本的生产力属性逐渐被认识、重视。价值增值和运动应该是资本的两个明显特征。在企业发展中，资本作为重要的生产要素，有着不可取代的位置。"资本运营是企业发展中的一个重要层次。资本经营以生产经营为基础，只有在生产经营发展到一定程度，资本经营才具有必要性和可行性。"②

对资本认识的局限以及对于意识形态安全的强调，导致报业发展中对资本的绝对排斥。但"作为生产要素之一的资本，长期徘徊在中国传媒业的大门之外。而这个正在努力挣脱计划经济体制束缚的行业，比以往任何时候都渴望着资本的哺育"。③ 陈力丹对于资本进入传媒抱有更多的期望："在改革开放的中国，每一个板块的松动和改变都将意味着巨大的发展机遇。现在，这个机遇终于指向一个传统上最为敏感的行业和一个现实中最为敏感的市场的结缘，媒介产业与资本的结缘。"④

一 资本进入路径：从禁止到特许

资本进入报业经历了较为曲折的过程，在很长时间内，低开放度使资本难以进入报业任何的环节。报业市场的现实存在，以及报业兼具事业属性和企业属性，在税收、财政制度上享受的优惠政策，使资本频频叩响进入之门，报业限于经济实力，财政拨款不再，进入报业市场所需启动资金难以筹集，资本和报社之间的联盟开始出现。报社变通引入资本，资本因而获取迂回进入朝阳产业的机会，"变通"与"迂回"成为报社解决资金困扰、资本实现利润目标的报业"潜规则"。资本进入报业后，由于地位"非法"，无论是委托经营还是合作经营都具有巨大的经济风险。一旦经营状况不佳，或者合作双方出现分歧，最终的结果只能是："要么资本在培育媒体成长后被媒体所抛弃；要么资本选择退却，留下'烂尾楼'贻

---

① 王柯敬、洪亮：《资本不是资本主义特有的经济范畴》，《中央财经大学学报》2000 年第 3 期。

② 卫兴华等：《入世与中国企业资本运营》，中国社会科学院经济研究所编，王振中主编《政治经济学研究报告 4：市场经济的资本理论研究》，社会科学文献出版社 2003 年版，第 235 页。

③ 朱学东：《资本的力量》，《传媒》2004 年第 9 期。

④ 陈力丹：《关于媒体资本的几个问题》，《采写编》2002 年第 1 期。

害媒体；要么合作政策被叫停。"①

在行政力量的支配下，报业结构被重组、报业集团被快速成立，但报社与资本两者合作具有"自发"性质。"潜规则"的存在是对正式制度供给不足的惩罚，资本进入报业成了公开的"秘密"。加入 WTO 在一定程度上为资本进入松绑。对外开放必然导致对内开放，尽管内容制作环节仍是资本"禁区"，但报业经营的外围如广告、印刷、发行环节上的资本进入已取得合法地位，民营资本、外资进入成就一轮传媒投资热潮。

（一）资本禁止进入

长期以来，对于报纸属性的政治纯粹性有着刚性的把握。即使在改革开放后，新闻业的开放也极其缓慢，更多的是报业主业之外的调整。早在1954 年，"王中教授提出了报纸两重性的观点，一重是宣传工具，二重是商品，而且是在商品性的基础上，发挥宣传工具作用。当时，他还没来得及细论自己的观点便被错划成右派"。② 主流意识形态对其评价是："新闻界右派分子大力推销资产阶级新闻观点，即所谓报纸的'商品性'，企图借尸还魂，篡改社会主义的报业方向。"③ 随后的 30 年内，否定商品性的态度占据了上风。再一次重提报纸商品性是 20 世纪 90 年代中期。新闻商品性的讨论在新闻学界展开。有学者将新闻商品性等同于"新闻有偿"，"'新闻商品化'为'有偿新闻'提供了理论根据"。④

将新闻作为特殊的商品来看的说法似乎更为普遍一些，在此基础上，"新闻业作为新闻信息行业，也是一种产业。但这种产业和一般产业有着原则的区别。新闻属于上层建筑意识形态的范畴，有着强烈的政治性……所以新闻业是一种特殊的社会事业"。⑤ 新闻的事业属性被强调，其理论背景就是新闻属于意识形态，而意识形态属于上层建筑，上层建筑是经济基础的反映。我国是以公有制为主体的社会主义国家，新闻业必须是公有制。新闻单位企业化或者任何非公有制成分的进入都被认为是对宣传、舆论的侵害。"新闻单位要引入企业机制，并最终办成经济实体，在坚持社会效益为首的前提下，不断强化经济效益意识，以强有力的经济实力参与

竞争，占领市场。"① 这样的说法尽管在 1994 年就已提出，但是真正实施起来还在 10 年之后。

长期以来，报社有着类似企业融资的意愿，而资本也试图通过进入报业实现增值，但报纸的意识形态属性却将报社与资本隔离。政府对于"媒介国有"、"党管报社"的强调将资本长期排斥在报业发展之外（见图5－1）。尽管有个案性的报业与资本的联姻，总体而言资本与报业无缘。政策的刚性一方面通过政策本身所具有强制力与约束力起作用，另一方面也通过对于资本进入的处罚不断强化。1993 年，《四川体育报》与成都国泰琴行签订"联合入股合资经营协议书"，由国泰琴行人员出任董事长，根据报社的提名任命报社总编辑。1993 年 6 月，新闻出版署以《四川体育报》及其主管单位违反有关规定为由，给予停刊整顿的行政处罚，"合资协议"终止执行。② 此事件出现在 1993 年，与理论界讨论新闻商品性遥相呼应。此后对于《轻工导报》的出让版面、《惠州日报》的合资办报的处罚强调了政策刚性的一面。

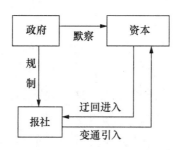

图 5－1 资本禁止进入

（二）资本迂回进入

20 世纪 90 年代末期，经过首轮都市报洗礼的报业市场，进入门槛普遍提高，尤其是在报业较为密集的城市如北京、广州、成都等地。创办报纸所需资金大幅提高。与此同时，报业从市场获取利润的时间却在延后。以北京市场为例，1998 年《北京晨报》创刊时，仅以 1500 万元的资金就

① 童兵：《呼唤发育健全的新闻市场——兼议新闻商品性及其特点》，《新闻记者》1993 年7 月。

② 魏永征：《中国传媒业利用业外资本合法性研究》，《新闻与传播研究》2001 年第 2 期。

成功地占据了北京报业第三的位置。2000 年，《京华时报》要想达成这一市场目标时，资金"门槛"就已经升到了 5000 万元左右。据估计，2002 年后的 1—2 年内，试图进入北京主流报业市场的资金门槛会进一步提升至 1 亿元以上的水平。① 报纸创办需组织人力、营销宣传，尤其是上市之初一般要发动"价格战"，不仅需要大规模的资金支持，持续的资金供应也是必需的。《中国媒体投资报告：2001》引述相关调查表明：中国资金紧缺的媒体机构高达 82%；有 91.9% 的媒体受访者认为，应该允许业外资本介入媒体经营。媒介蕴含的营利机会同样引人注目。申银万国研究所研究员张卫华认为："我国传媒业的广告收入在 20 世纪 90 年代增长近 20 倍，达到 800 亿元，10 年内平均增长速度为 35%，比同期 GDP 增速快 4 倍多。"② 因此一个说法在世纪之交流行一时：中国报业目前的投资回报率在 17%—50%，中国报业被称作"最后一个暴利行业"。报业的资金需要以及资本的营利需要一拍即合，让资本进入成为报业的必然选择。

在资本进入路径上，规避政策风险是实现赢利的前提。1999 年新闻出版署、财政部对于投入报纸的资金是"捐赠"还是"借贷"的界定言犹在耳。迂回进入是报社与资本共同的选择方式（见图 5 - 2）。"同居"被相关研究者用来形容媒体与资本的不尴不尬的关系。尽管从 20 世纪 90 年代中后期开始，民间资本事实上进入传媒市场。但从政策层面上，对于媒介与资本的结合无明确准许。既然这种关系的合法性随时可能遭到质疑，"同居"——事实婚姻便成为最好的形容。③ 在具体操作途径上，"媒介办公司"在很大程度上与"公司办媒介"的结合成为报社与资本都可以接受的进入途径。④ 早在 1988 年，《关于报社、期刊社、出版社开展有偿服务和经营活动的暂行办法》承认了媒介的广告、印刷等经营活动可以独立出来，组建企业、公司。"媒介从这里与业外资本合资、合作就是完全合法的。"⑤

通过"报社办公司"实现"公司办报社"目的，是资本迂回进入报纸的主要渠道，许多地方报纸借此途径规避了政府规制风险，实现了报社

---

① 喻国明：《媒体投资"泡沫说"不成立》，《传媒观察》2002 年第 9 期。
② 薄继东：《投资媒体九成赚钱难》，《职业》2002 年第 1 期。
③ 参见闻晓《中国传媒业：新的投资热潮》，《经营管理者》2001 年第 9 期。
④ 魏永征：《传媒资本呼唤法治》，《新闻记者》2001 年第 6 期。
⑤ 魏永征：《中国传媒业利用业外资本合法性研究》，《新闻与传播研究》2001 年第 2 期。

发展、资本增值的双重目的。魏永征以北京港澳实业股份有限公司（后改名为赛迪传媒）对《中国计算机报》经营权的收购为例说明了资本进入的合法化过程。

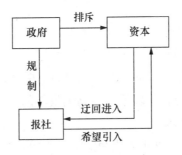

图5-2 资本迂回进入

北京港澳实业股份有限公司先是宣布以1.53亿元购买信息产业部下属计算机与微电子发展研究中心（CCID）所拥有的中国计算机报社51%的股权和相应的经营性资产的经营权、收益权，后来将"购买……中国计算机报社51%的股权"改为"购买……中国计算机报有限公司51%的股权"，这个中计报公司也就是《中国计算机报》的经营主体。

"公司（港澳实业）办媒介"改成了"媒介（或者它的主办单位）办公司"，把可能造成企业同主办单位共掌报社（即使只是经营部分）的违法局面，改成了企业同主办单位合资或合作经营一家公司并共享收益，虽然其经营内容就是报社的全部经营性业务，但这在现行体制上是合法的。① 赛迪传媒对于《中国计算机报》实际上的控制力在赛迪传媒公告中描述得十分清晰：

中国计算机报社、CCID 将《中国计算机报》的广告发布、广告代理授权予中计报公司，并在中国计算机报社依照国家有关规定进行审查的前提下，由中计报公司独家经营广告发布、广告代理业务，并享有全部经营收益，承担经营成本及费用。

---

① 魏永征：《中国传媒业利用业外资本合法性研究》，《新闻与传播研究》2001年第2期。

中计报公司获得的广告经营权、收益权是长期的，具体期限为2000 年 11 月 13 日起至 2050 年 11 月 13 日止 50 年，且具有独家性、排他性和不可转让性。[①]

资本多通过这个渠道进入传媒，通过入股报业经营性实体，获取报业广告、发行代理的长期合同，实现资本的增值。[②] 资本通过这种迂回进入的方式获得了资本增值权，甚至事实上控制了报社；而报社也因此获得了启动、发展所需的资金，实现了"借鸡生蛋"的目的。

（三）资本特许进入

加入 WTO 之后，特许进入成为资本进入媒体的主要途径。但在相关规定，依据资本的属性，对资本所拥有的进入权限有着明确的限制。陆地用媒介的"种族歧视"和资本"血统歧视"来形容资本尤其是业外资本进入时遭受的歧视。"衡量这种'歧视'程度的具体指标主要有三个：资源的分配、经营的范围和资本的权利。"[③]

表 5 - 1　　　　　　　　　　　　资本进入报业权限

环节	业内资本	业外资本		
	系统内国有资本	国有资本	民营资本	外资（含港澳）
广告	允许	允许（集团国有资本不低于51%的股份）	允许（国有控股51%以上）	允许（中方控股51%）
发行	允许	允许（集团国有资本不低于51%的股份）	允许（国有控股51%以上）[1]	允许（中方控股51%）[2]
印刷	允许	允许（集团国有资本不低于51%的股份）	允许	允许（中方控股51%）
内容编辑	允许	允许（不得介入，项目内使用）	禁止	禁止

注：

1. 2003 年 9 月 1 日起可以申请总发行权。

2. 禁止获得报刊总发行权。

① 北京赛迪传媒股份有限公司董事会、大连市财政证券公司：《关于北京赛迪传媒投资股份有限公司重大资产重组有关事项的补充公告》，凤凰网，2001 年 2 月 15 日，http://app. finance. ifeng. com/data/stock/ggzw/000504/4029459。

② 本刊记者：《组织结构创新助推集团发展》，《中国记者》2007 年第 2 期。

③ 陆地：《媒介种族与资本血统》，《南方电视学刊》2002 年第 5 期。

根据 2002 年 6 月 1 日新闻出版总署《关于规范新闻出版业融资活动的实施意见》、2005 年 8 月四部委制定的《关于文化领域引进外资的若干意见》以及《国务院关于非公有资本进入文化产业的若干决定》，新闻系统内资本与业外资本中的国有资本、民营资本以及外资有着不同的投资领域与投资权限。从表 5-1 可以看出，系统内资本可以进入报业的任何环节；国有资本在有限度的情况下，也可以进入所有环节，但是对于编辑工作不能介入；民营资本在有所限制的情况下可以进入除内容编辑外的环节；外资尽管同样允许进入除内容编辑外的环节，但是在发行方面禁止拥有总发行权。

资本进入报业的权限，业内国有资本 > 业外国有资本 > 民营资本 > 外资。总的来说，国有资本 > 民营资本 > 外资。国有资本在报业中取得合法地位自不待言，民营资本在这次报业转制中给予以往从来没有给予过的权限。在 2005 年 8 月《关于文化领域引进外资的若干意见》以及《国务院关于非公有资本进入文化产业的若干决定》两个规定中，对于民营资本用了"鼓励"、"允许"以及"禁止"的字眼，而对于外资却仅使用了"允许"与"禁止"的字眼，强调了"内外有别"。国家发改委文化产业研究中心主任齐勇锋认为，"对照这两个文件，可以看出我们国家在文化领域对内、外资是实行有区别的政策，而不像经济领域实行一视同仁政策"。① 与其说民营资本在这次改制中获得更多的授权，不如认为这是民营资本在若干年迂回进入之后的"潜规则"的正式化。"事实上，这几年，民营资本进入文化产业的有很多，但是很多涉及政策的问题无人敢做主。这个政策可以说是对原来的开放成果进行了一个总结。"②

《关于文化领域引进外资的若干意见》中，"维护国家文化安全"的概念被着力强调，在禁止进入或者限制进入若干领域之后，还进一步强调"外商不得通过出版物分销、印刷、广告、文化设施改造等经营活动，变相进入频道、频率、版面、编辑和出版等宣传业务领域"。体现政府对于外资进入传媒持有的谨慎态度及稳固、渐进、逐步的开放原则。资本从图谋进入报业到迂回进入报业，直至确立了合法地位的过程，显示了我国报

---

① 孙荣飞：《文化领域外商投资进入间歇期投资更加规范》，《第一财经日报》2005 年 8 月 5 日。

② 戴廉、赵磊、白瀛：《文化领域政策陆续出台促进文化产业健康发展》，《瞭望新闻周刊》2005 年 8 月。

业从单一所有权向多样化的过渡（见图5－3）。资本的合法进入，使原有政府、报社之间的博弈格局发生转变，资本在报业制度中的博弈位置也明确起来。

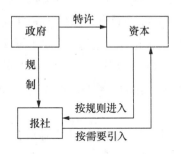

图5－3　资本特许进入

二　三方博弈：平衡企业性与事业性

资本突破现有规定迂回进入到报纸的运行环节，实现增值，客观上促使报业市场走向成熟，在实际运行中必然出现业外资本迂回介入到内容编辑部门或者突破投资的上限。由此可见，业外资本、报社以及政府构成了一个三方博弈，涉及的主体有政府——报社的拥有者且掌握报业活动的规制权；报社——受政府委托履行宣传功能且实现经济收益；业外资本——力图进入报业这一高速发展的行业，实现资本增值。在报社和业外资本之间，表现为资本的拥有者和资本引入者之间的合作博弈关系，合作博弈中的博弈顺序依具体情况而定。弱势报社经济实力有限、规模有限，强势报社占有资源众多、发展前景好，它们在与业外资本的合作博弈中无疑处于不同的位置，后者显然拥有更多的讨价还价能力。通过讨价还价或形成默契后，最终形成资本进入报业后实际拥有的剩余索取权。对于政府而言，在资本迂回进入后获取利益相对量不如报社与资本，国有资本不能得到应有的增值分配额，意识形态安全的不确定性也将抵消部分政府收益。

（一）三方博弈均衡

在报社、业外资本以及政府的三方博弈中，政府的收益来源较之报社和业外资本的收益来源更为多样化。政府的收益构成如下：（1）信息流通使社会运行更为流畅；（2）政府通过报纸强化主流意识形态；（3）报社发展减轻财政负担甚至对财政作出贡献；（4）政府在报业中的权威性以及控制力。报社和业外资本的收益构成如下：（1）社会对于报纸内容的认同和接受，报社无形资产的增加；（2）资本流动后产生的资本增值（利润）。由此博弈结果可以作以下描述（见图 5-4）：

		政府		
		查处		不查处
		查处成功	查处不成功	
报社和资本	引入资本	-6, -6, 4	6, 6, 2	6, 6, 3
	不引入资本	-1, 0, -1	-1, 0, -1	-1, 0, 1

图 5-4 报业制度三方博弈①

1. 报社引入资本、政府不做查处

报社、资本与政府的收益分别为（6，6，3）。资本的进入必然导致报纸市场取向强化，在满足受众的信息需求之后，资本获得增值，报社与业外资本拥有者获得相应的经济效益，报社在无形资产方面（报纸品牌、公信力等）获得增加；政府则在经济方面通过获得税收及报纸对于整个社会有效运行的贡献得益，但市场驱动使得政府对于报社的控制力下降，宣传工作弱化，不时有些"擦边球"的报道行为，导致政府总收益不及报社与资本。

2. 报社引入资本、政府予以查处

查处成功时，报社、资本与政府的收益分别为（-6，-6，4）。查处不成功时，报社、资本与政府的收益分别为（6，6，2）。查处成功时，报社往往面临停刊甚至吊销刊号的处罚，相关管理人员也会遭受处分。资本不仅无法增值，甚至会"血本无归"，《惠州晚报》的破产就是一例。查处成功，政府将会强化相关制度的刚性，对于杜绝类似现象的发生有着警示作用，因而政府在这时是获益的。当查处不成功时，政府无疑受到损

① 本博弈收益取 0—10 的自然数，0 为没有收益，10 为最大收益。根据博弈方的策略、行为、偏好，比较得出各自收益值。用数字表示收益值能以抽象形式说明博弈主体收益的相对差距。收益数字本身是多少并不重要，关键是收益数字对于这一博弈格局的解释力和适用性。本模型参见王性玉、薛来义《寻租理论三方博弈模型分析》，《财经问题研究》2001 年第 11 期。

失，类似的现象将会在更大范围内被复制，大大减少政府对于报社总体的控制力。尽管通过报业规模经济获得经济收益，但是政府总体获益甚低。

3. 报社不引入资本，政府也不进行任何查处

报社、资本与政府的收益分别为（-1，0，1）。报纸进入报业市场必然非常困难，只能作内生式的发展，难以迅速建立市场地位，但是由于在报社之间的博弈存在，一旦竞争者引资成功，报社不引资的收益负值将会进一步加大。资本没有机会进入报社，因而没有任何收益。政府维护了对报社的控制，但是收益有限，尤其是整个社会获益甚少，社会总体福利水平不高。

4. 报社不引入资本，政府作出查处举动

由于报社本身并没有违规引资，查处必然是没有结果。报社、资本与政府的收益分别为（-1，0，-1），报社本身收益没有改变，但政府因举动错误丧失权威性，对于安排以后的宣传工作可能会产生消极影响，因而政府在查处举动中的收益变为负值。

从博弈模型可以看出，在能够维护政府的底线或略高于底线的控制力时，静观默察无疑是政府最优的选择。这个选择体现了政府对于社会效益或者说宣传效益的偏好，无论是社会效益还是宣传效益，都必须建立在报业发展的基础上，即尽最大可能加大报业的经济实力。政府本身并不看重报业的经济收益，资本索取一定的剩余价值分配权也是政府可以接受的。但当政府感觉资本的介入导致政府失去对报社的控制时，查处将会是政府的最优选择。

（二）报资联盟的博弈策略

三方博弈中，报社与资本实行联盟的博弈格局仍然是一种不对称博弈，博弈主体之间的地位依然不对等。政府对于报社以及资本方拥有规制的权力。报社最优策略是引入资本，这由报业市场环境及报社自身发展的双重需求决定；同时报社与资本对政府的偏好还要予以满足，尤其是在自身已经处于违规的境地时。尊重政府对于报社的影响力、控制力的最佳方式是在传播内容上"帮忙"，"不出事"是最低要求。报社的政府公关也是必不可少的，起码能够拓宽讨价还价的空间。

在不对称的博弈格局中，报社与资本必须秉持更为理性的态度，从整个社会环境以及博弈格局的现状出发才能获取自己的最优收益。就报社而言，必须从内在和外在两个方面理性判断，才能使这个不对称博弈格局在

有利于增加自己的目标函数值的情况下达到均衡。如果将政府博弈策略发生的概率考虑进来，对于报社、资本而言，竭力促成政府静观默察策略发生的概率至关重要，直接影响报社、资本的收益。结合实践来看，报社、资本一方充分掌握信息，能够通过信息的传递与掩饰促使政府倾向于选择静观默察的策略。

1. 维持报社与资本的合作博弈

报社与资本在三方博弈总格局中也构成了一个子博弈，这个子博弈是合作博弈，子博弈达到均衡是进入三方博弈的基础。资本本身在独立办报上与政府不存在任何谈判空间，与报社合作是资本的唯一选择。维持这个合作博弈均衡是既避免报社受罚，又实现资本增值的必要条件。从现有遭受处罚的报社来看，都是由于报社与资本的不良合作，导致融资公开化，才遭到政府规制的迎头痛击，如《惠州晚报》、《中国演员报》、《中国矿业报》等均属此类。而融资成功并发展迅速的报纸，是那些资本与报社之间长期良性合作的报纸，如《华商报》、《成都商报》。

在维持合作均衡时，通常不允许资本介入编辑业务，尤其是一些实力较强的大报的编辑业务。资本仅仅出资，并不介入报社业务，它们对于报社的资本使用以及利润分配会心存疑惑，它们的投资风险因而加大。如前所述，资本进入报社更多的是通过迂回的方式进入到报社的经营部门，如广告、发行公司。报社为降低资本对投资风险的担忧常常通过长期排他性的广告、发行总代理合同来获得。资本进入的报业经营性公司普遍拥有报纸的广告、发行总代权，且年限长达 15 年到 30 年不等，有时甚至拥有自动、无条件续约的优先权。在取得广告和发行权的公司里，来自资方的人员常常担当重要角色。南方日报报业集团 2000 年筹办《21 世纪经济报道》时，与上海民营企业复星集团组建合资的经营公司。报社派出总经理，上海复星派出了副总经理以及财务总监，全程监控资本运作情况。[①]由资方派人出任报社经营公司的核心职务，有利于双方合作的持续，可以平衡报社对编辑权的垄断。

维持合作博弈需要资本更为理性的态度，对于资本利润不能有时间上的紧迫要求。尽管报业经济发展速度较快，但是投资收益并不能在短期出现，作较长期的投资规划是资本与报社合作中必须秉持的原则。

---

① 虞宝竹：《合资办报——勇敢者的游戏》，2005 年 12 月 9 日，媒体安都，www.mediaundo.com。

2. 规避"风险"实现两个平衡

在博弈中，政府最担心资本进入可能引起内容偏离、舆论引导偏差，进而影响社会稳定、执政安全。政府在博弈中属于风险厌恶者（Risk - Averse）——宁愿获取确定收益而不愿获取随机收益或不确定收益，即尽可能回避风险。甚于意识形态安全的强调，政府在沿用既有报业制度上比其他博弈方有更强的意愿。三方博弈中的资本一方属于风险爱好者（Risk - Love）——常常会不顾可能发生的危险，实施某项行为和进行某项活动。在现有制度之下，想尽办法进入传媒，实现资本增值，其中蕴含的风险是明显的。其他两方的行为或者在办报过程中发生的小概率事件都可能使资本全盘皆输。相对于以上两方报社属于风险中性（Risk - Neutral）——既不冒险也不保守。一方面，报社深知新闻与政治的紧密关系，报纸的传播定位必然在通盘考虑政府和社会要求两方因素后才做出决定；另一方面，报社要获得发展又必须突破现有的制度困局。在资本与政府之间，报社必须在经济利益方面与资本平衡，同时在社会效益或者说宣传效益方面与政府平衡。

报社与政府的平衡通常采用"内容消除风险"的策略。适应市场定位的同时，传播内容不能出格违规。当然，更多的时候，新闻报道的标准常常会介于政府要求和市场需求之间，甚至打出"擦边球"。但对于特别重大新闻事件，如某些重大政治事件、突发公共事件以及其他对于社会有着巨大冲击的大新闻的报道与评论，报社往往会保持与政府一致的态度。维护与政府之间的关系，可以获得相对较为稳定的外部环境，避免扰动投资安全。鉴于政府的风险厌恶属性以及政府所拥有的权威位置，报社在新闻报道、舆论引导等微观层面必须顾及政府偏好，借由新闻内容，有效降低甚至消除政府对于未来风险发生可能性的预估。违规引入资本创办的报纸常常定位于市民报纸、经济类报纸以及资讯、娱乐、服务类报纸，走时政新闻路线的较少。

第三节　从"两分开"到"两分开"：
老酒难注新瓶

2003 年 6 月，新闻出版总署开始部署试点、推进报业转企改制工作，

8 家报业集团、报社参与试点，试点内容各有侧重。[①] 从试点内容来看，试点中的报业集团以及《北京青年报》、《今晚报》[②] 实行的是剥离转制；《中国证券报》以及《电脑报》实行的是整体转制。报业制度所进行的试点为剥离转制与企业转制两种基本类型。企业转制试点单位多是专业性报纸、资讯类报纸，包括试点之外的《中国保险报》以及 2006 年进行试点的《中国计算机报》、《机电商报》。剥离转制却涉及报业集团、晚报或者其他时政类报纸，如《北京青年报》。从试点的内容不难推测，改制中定位于公益性事业单位的党报、时政类报刊，将极有可能涵盖报业市场的主体：党报、都市报、晚报，这部分报社在未来几年中将会执行剥离转制。由此可见，公益性事业与经营性产业分开的宏观目标，将会在时政类报刊中以剥离转制的形式实现。时任新闻出版总署报刊司副司长的王国庆也认为："从报业试点来看，它本身不是体制创新，主要还是机制创新。"[③] 2006 年 10 月 25 日，《中国新闻出版报》报道，时任新闻出版总署报刊司司长的余昌祥透露，"关于文化体制改革的最初提法是'新闻出版体制改革'，经过两年多试点，到今年召开深化文化体制改革会议，新闻出版业文化体制改革的提法变为'出版发行体制改革'。实践证明，新闻业不存在体制改革的问题，而是要作为党和国家的一项事业，受到国家扶植，继续保持事业体制，不搞转企"。由此可见，创新报业管理体制已被置换为创新机制，剥离转制将会是报业改革的重点。

如果说编辑与经营分开是报业改革的重点，2011 年以后，非时政类报刊整体转企是改革的重点。从根本上说，内容（编辑权）的归属一直游离在产权之外。在 2011 年《中央办公厅、国务院办公厅关于深化非时政类报刊出版单位体制改革的意见》基础上及 2012 年 7 月 30 日，新闻出版总署印发《关于报刊编辑部体制改革的实施办法》，明确规定："严格

[①] 包括《山东大众日报》报业集团、《新华日报》报业集团、《河南日报》报业集团、深圳报业集团、《北京青年报》、《今晚报》、《中国证券报》、《电脑报》；从这个试点布局来看，既有党委机关报也有都市类报纸，既有沿海报社也有内地报社，既有喉舌性报社也有意识形态属性不强的报社。申屠青南：《面向市场要活力——我国开展文化体制改革试点工作》，《中国报业》2004 年第 1 期。

[②] 《今晚报》传媒集团在试点过程中于 2005 年 9 月 6 日成立。目前主要有《今晚报》、《天津老年时报》、《今晚系列本儿报》、《中国技术市场报》、《今日天津》画刊，今晚网，《今晚报海外系列版》四报一刊一网一版。

[③] 王国庆：《借鉴试点单位经验推动文化体制改革》，山东报业网站，2006 年 9 月 30 日，http://sdby.dzwww.com/bktg/200609/t20060930_1783256.htm。

主管主办单位职责，要求主管主办单位切实担负起管导向、管干部、管资产的任务。按照国家有关规定，在报刊编辑部转制或合并建立报刊出版企业中，不得有非公有资本进入。"这就意味着转企与编辑经营两分开在改革逻辑上并无二致。该办法同时指出，"在实施改革过程中，要始终掌握对主要干部的任免权、重大事项的决策权和报刊内容的终审权，确保正确导向和持续发展"。

从公益类、时政类报刊的区分到时政类、非时政类的界定，内容（编辑权）的宣传、导向定位使得报纸的核心板块始终处在报业改革之外，无论是剥离转制还是整体转企之后的报业产权远不清晰，政企分开、政事分开的改革思路无法落实。

一　宣传、经营分开与剥离转制

（一）此"两分开"≠彼"两分开"

文化体制改革的理论基础是公益事业与经营企业的"两分开"，这与正在进行的事业单位改革的理论基础是一致的。2004 年国务院《全面推进依法行政实施纲要》中明确指出，事业单位的类型大致可以分为三种：一是承担政府管理职能的事业单位；二是公益性的事业单位；三是经营性的事业单位。在具体操作中，该《纲要》也有明确说明：

> 对于公益性的事业单位，可以继续维持其事业单位的身份，政府将原本属于事业单位的权力还给事业单位，使其自我服务、自我管理；对于经营性的事业单位，可以改制为企业，利用市场机制提高其效率并实现资源配置的优化。

由此可见，新闻媒介所进行的剥离转制与推进依法行政的长远目标是不符的。剥离转制的理论基础不是公益事业与经营企业的分开，其理论基础被置换为宣传与经营的分开。由此剥离转制无法实现真正的政企、政事彻底分开，政府掌握宣传部分、市场掌握经营部分，这样的"剥离"并没有太多的实质性意义，政府在管理传媒方面仍沿用传统的管理方式而非国务院所致力建设的"依法行政的管理体制"，文化领域内的体制性障碍并没有消除。公益事业、经营产业的两分开强调的是政事、政企的彻底分开，而与此相反，报业集团报社进行的宣传、经营的两分开是在一个事业单位体制（报业集团、报社）下的政事、政企统一于党委领导下的不分开。在这种格局下形成的法人制度是一种很不明确的法人制度，与"事业单位企业化管理"下的新闻体制并没有质的区别，根本不是体现现代法治精神的法人结构，也无法确立报社在市场经济中的主体地位。

（二）新闻与经营分开是行业规范

宣传、经营两分开被认为是实行剥离转制的理论基础。宣传、经营两分开在新闻史上并不陌生。美国新闻界通常以"国家与教堂"（State and Church）的概念来描述经营权与编辑权之争。"国家"代表经营权，"教堂"代表编辑权。① 为了实现两分开，不仅在《美国职业新闻记者协会道德准则》中明确界定广告与新闻的界限。详尽而严格的编辑出版程序是确保编辑不受经营影响的关键。《纽约时报》甚至流行一种所谓"教会"、"国家"与"会计室"分开的原则。其中，"教会"指的是《纽约时报》的社论版，"国家"指的是《纽约时报》的新闻版，而"会计室"指的是《纽约时报》的经济管理，尤其是广告方面的经营活动。甚至有些新闻机构的办公大楼内禁止记者跟广告部工作人员同乘一部电梯。② 在《华尔街日报》的广告、新闻、评论只有在印刷阶段才会走在一起，在此之前它们三个部分是不会有任何沟通的。③

在新中国新闻史上，强调新闻与经营分开的规定不少，多与制止"有偿新闻"以及记者拉广告有关，1993 年 7 月 31 日，中共中央宣传部、新闻出版署联合发布《关于加强新闻队伍职业道德建设禁止"有偿新闻"的通知》规定：

> 三、新闻与广告必须严格分开，不得以新闻报道的形式为被报道单位做广告。凡属新闻报道，新闻单位不得向被报道者收取任何费用；凡收取费用而刊播的，应标明为"广告"。
> 四、新闻报道与经营活动必须严格分开。记者、编辑不得从事广告业务，从中牟利。

① 许艳：《兼顾两种利益的理念是什么？》，《新闻记者》2007 年第 1 期。
② 唐勇：《美国：有偿新闻基本被消灭》，人民网，2006 年 9 月 5 日，http://world1. people. com. cn/GB/8212/4782836. htm。
③ 张延：《新闻媒体的宗旨》，2005 年 7 月 22 日，http://media. people. com. cn/GB/3562567. html。

1997 年 1 月 15 日，中宣部、广电部、新闻出版署、中国记协《关于禁止有偿新闻的若干规定》明确以要求：新闻报道与经营活动必须严格分开。新闻单位应由专职人员从事广告等经营业务，不得向编采部门下达经营创收任务。记者、编辑不得从事广告和其他经营活动。

西方新闻的"教堂"、"国家"分开与我国新闻报道、经营活动分开尽管在形式上有所差异，但都是为通过明确界定各个部门的独立工作程序确保新闻的客观性与真实性。无论如何，编辑、经营分开既是新闻工作的基本理念，就要落实在具体操作层面。新闻与经营分开是新闻事业本身的固有属性，是规范新闻媒体运行的原则。新闻与经营两分开不是个国家政策问题，而是个行业规范问题。新闻、经营分开的核心是规范新闻采编操作，而报业改制的核心是明确界定政府、报社之间的关系，以新闻、经营分开作为理论支撑的剥离转制难以实现报业体制改革的目标。

二 三方博弈下的剥离转制

剥离转制中，报业集团以及报社所进行的改革大同小异，差别在于剥离出的经营性公司的构成形式以及融资方式。以《大众日报》的试点为例：

> 在报业集团体制机制创新方面，主要是加强了"两分开"管理体制的建立和完善……把宣传和经营相对分开，即改变原来各媒体宣传、广告、发行"三位一体"的状况，把广告、发行等经营业务、经营机构、经营人员从媒体中分离出去，成立若干专业性的公司。集团相继成立了广告、发行、印务、信息、物资、物业、置业、大厦等有限责任公司，都是大众报业集团有限公司（简称集团公司）控股的子公司。在此基础上形成并完善了以党委为龙头的报业集团组织结构。①

剥离转制是典型的强制性变迁，政府主导着变迁的节奏以及变迁的内容。从三方博弈的格局来看，这是个不均衡的博弈结果，对于政府、报

---

① 《加强舆论引导力协调管理与发展——大众报业集团文化体制改革试点工作介绍》，《中国出版》2006 年第 5 期。

社、资本都不是最优的选择。

（一）剥离转制不符合新闻产业特征

剥离转制的目的是解决维护意识形态安全与发展产业之间的矛盾。但剥离本身意味着将报业完整的产业链条分开对待，这种割裂式的做法对于资本、政府以及报社三方的发展都是不利的。报业作为产业需完成一次循环（见图 5−5），资本增值＝收益－投入资金－转化成本。资本只有经过采编、印刷、发行、广告四个环节的转换才能实现资本的升值，每个环节都对资本增值起到重要作用，对资本的增值部分应享受分配权。

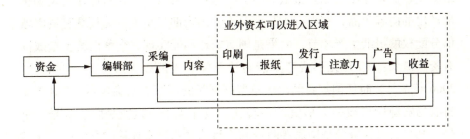

图 5−5　报业生产循环

印刷、发行、广告由独立的企业法人经营后，股权结构或者说融资方式呈现社会化趋势。采编部门却游离于社会化的操作之外，其事业属性导致整个产业链的断裂。报纸发行、广告营销面向市场进行，其销售的终极产品其实还是内容，内容为王。相关营销渠道不论如何的完善，缺乏竞争力和吸引力的内容产品，都不可能进行成功的报业营销，相应经营性企业就难以获取长期的收益。深圳报业集团总经理陈君聪认为，采编、经营业务应该相对独立，而不是"分开"或"剥离"。"脱离了报社的经营性资产部分，改制成企业后，与一般的企业相比有什么核心竞争力呢？发行、广告和印刷脱离了报社只能是一般性加工、物流企业。可以说，不仅没有优势，劣势还相当突出，因为它不能像一般企业那样选择、设计或改造自己经营的产品。"[1]

依据迈克尔·波特的价值链（Value Chain）理论——每一个企业都

---

① 陈君聪：《中国报业集团法人治理结构初探》，《中国报业》2004 年第 5 期。

是用来进行设计、生产、营销、交货以及对产品起辅助作用的各种活动的集合。[①] 剥离转制造成报社价值链断裂，价值链上关键环节缺失，造成在整合内部资源形成核心竞争力方面出现困难。价值链的断裂加大组织内部横向沟通渠道建设难度，增加报社决策成本，使报社对市场变动的应对出现时滞，对于报社的发展极为不利。

（二）剥离转制造成博弈不均衡

1. 政府：国有资本不能实现完全增值

对于政府而言，剥离转制意味着只能将经营性资产注入合资公司，并享有相应比例的剩余索取权。问题在于，这次改制中经营性公司并不是报纸副业，而是报纸主业。报纸的经营、印刷、发行、广告所操作的是编辑部产出的内容产品，在现有改革情况下，编辑部门是唯一无权享有资本增值分配权的报纸生产环节，后果是国有资产不能实现完全增值甚至造成国有资产流失：（1）无形资产不能转让意味着不能以无形资产索取剩余。2006年5月，时任国家新闻出版总署副署长的柳斌杰明确表示："对国家特有的资源所形成的无形资产不转让。具体来说，报业品牌、版号、书号、刊号，这些资源是国家垄断资源，目前虽然没有评估的办法……在转企改股经营活动中，这些无形资产不转让，仍然属于国有报社、出版社，是国家专属权。"[②] 这些无形资产难以转让，但是实际上又参与了流通。业外资本进入，它实际控制的资产超出它注入的资产。国有资产的无形部分成为公益性的付出，无法得到应有的经济回报，事实上造成了国有资产的流失。（2）按照事业单位改制的趋势，公益性事业的部分需要国家投资，导致出现国家办报、企业收钱的局面，国有资本流失更为严重。

2. 报社：智力资源受到影响

进入"知识经济"时代后，智力资本备受重视，成为继资本和劳动之后，推动企业不断发展的"第三资源"。经济的增长直接地取决于对智力资本的投资和智力资本的运作。[③] 智力资本在价值属性上与物质资本存在重大差别，呈现以下特征：（1）增值性：有能力使价值增值；（2）易波动性：容易受到外界影响；（3）人身依附性：智力资本所有权总是与其载体融为一体，不可分割，其使用权却可归他人使用，但必须获取报酬

---

① ［美］迈克尔·波特：《竞争优势》，陈小悦译，华夏出版社2005年版，第36页。

② 《柳斌杰接受采访表示：新闻出版业改革全面提速》，《新京报》2006年5月24日。

③ 李茹兰：《智力资本的投资与价值实现》，《东北财经大学学报》2000年第1期。

且应分享企业的剩余。①

剥离转制无视编辑部所拥有的智力资本，在宣传、经营两分开以及无形资产禁止转让以后，编辑部的智力资本完全没有被作为经营性资产。智力资本的个人附着性在"两分开"的情况下被忽略不计，"内部进行股份制改造时，国有资产不量化到个人，不允许个人持股，保证国有资产的完整性"。② 禁止个人持股使得智力资本失去载体，因而不可能得到企业剩余分配权。即便允许员工持股，还需要突破两分开的另一规定：宣传编辑部门与经营性公司要实行"事企分开"，不能混岗。③ 与经营性资产对应的企业中员工能够持股，参与经营。编辑人员不能混岗，不能投资报社经营公司，以免造成既是编辑记者又是经营公司股东的双重身份。④ 报社内部编辑人员和经营人员都对剩余产生有贡献，但享有的分配权是不均衡的，这对编辑人员的工作积极性会造成影响，他们消极工作的结果必然造成整个报社的损失。

编辑记者能不能持有报社股份，与保持编辑、经营两分开基本无涉。员工持股能够增加报社的凝聚力与归属感，在维护报纸品牌、新闻公信力方面会收到更为良好的效果。在日本报界，员工持股相当普遍，《日本经济新闻》甚至没有大股东，每个职工都持股，被认为更容易保持报道的独立性。⑤

员工利益尤其是编辑记者的利益绝对不应该排除在改制之外。"资本对传媒单位的影响势必在管理层和员工切身利益上有所体现。当传媒单位管理层在融资过程中开始为持股问题处心积虑时，普通员工也在为前途命运坐立不安。目前，已经出现了报社与资本合作后因员工利益大幅受损而引发矛盾的案例，值得传媒单位汲取教训。"⑥

3. 资本：产业链的断裂

剥离转制作为长期的制度存在，对资本的不利影响是不言而喻的。资

①　姚正海：《高技术企业智力资本核算研究》，《审计与经济研究》2005 年第 5 期。

②　《柳斌杰接受采访表示：新闻出版业改革全面提速》，《新京报》2006 年 5 月 24 日。

③　柳斌杰：《创新文化呼唤文化创新：在深圳文博会上的演讲》，中华人民共和国出版总署网站，2006 年 9 月 30 日。

④　南方某报业集团老总在演讲中提到这个问题，对于总编辑以挂职副社长处理，可以进行入股，但对于编辑部的中层以及编辑记者中的骨干力量如何进行股份制分配无法突破现有制度，他认为这是报社发展的长期隐患。

⑤　杉田亮毅：《财经媒体的经营管理》，2004 年 12 月 1 日，http://business.sohu.com/20041130/n223251167.shtml。

⑥　朱学东、景延安：《叩问传媒资本市场》，《传媒》2004 年第 9 期。

本之所以积极进入报社经营性公司，目的之一就是期望拥有一个完整的报业链。Tom. com 与《电脑报》的合资目的即在于此。报社剥离后，无论是直接进行股份制改造还是上市融资，都会造成产业链的断裂。在报纸上市后产业链断裂流弊明显。

（1）导致传媒企业关联交易多，业务透明度低，业绩易受操纵。（2）不利于上市公司在资本市场上再融资。传媒上市公司主要通过收购关联媒体资产来扩张发展，这种扩张模式只会使关联交易越来越多，这与中国证监会严格限制上市公司与控股股东在生产采购销售环节中的关联交易比例的精神相悖。博瑞传播（600880）、赛迪传媒（0504）再融资申请相继招致证券监管部门的否决意见已是明证。（3）增大了传媒企业的投资风险，不利于吸引有实力的战略投资者和机构投资者的关注。目前，整个传播文化行业流通市值占市场总流通市值不足 1%，适合机构投资者长线投资的投资品种屈指可数。

在这种割裂模式下，改制而来的传媒企业在依照《公司法》等各项法规与市场体系对接、引入和完善企业法人治理结构、改善投融资环境等方面也将遇到诸多障碍，有可能使媒体改制上市成为一句空话。①

宋建武基本持同样的看法："就北青报目前的发展来看，还有上升空间，所以目前产业链条断裂产生的问题还不会显现，但是当发展到了高峰时期，其内在的矛盾就会暴露出来。"② 产业链的不完整造成资本风险加大，其主要影响表现在：（1）资本在制度规定下难以进入编辑环节，而为了降低危机，资本必然力求介入编辑部的"潜规则"，会造成报业融资进一步混乱；（2）风险投资较之寻求长期、稳定回报的资本更倾向于进入传媒业，风险投资要求短期内营利，会对报社的发展造成压力。风险投资进行概念炒作，追求短期效应会造成报社资本更换过于频繁，不利于报业的稳定发展。产业链中关键环节的缺失对于资本的长期收益始终是个影响，资本持有者将长期处于不安全状态，影响资本长期持股乃至持续注资的信心与决

---

① 谭晓雨：《现行传媒转制上市若干问题》，《传媒》2004 年第 11 期。
② 王平：《北青传媒开创一个时代》，2005 年 9 月 13 日，http：//finance. sina. com. cn。

心，这种局面出现后，报社与资本"双输"的可能性就变得比较大了。

第四节　个案研究：跨地区办报制度的收放博弈

跨区域扩张是报社、报业集团原始积累完成之后寻求发展的趋势，这是因为：第一，报社内部形成了部分业内资本；第二，业外资本在看准报业的巨大营利前景后，纷纷以各种形式进行直接或迂回的合作；第三，经过激烈市场竞争后，报社、报业集团所在省份的省会城市或者中心城市的报业结构趋于均衡，获取更多的市场份额成本的可能性加大。报社、报业集团携资本优势、专业优势，进入其他报业不发达地区是必然选择。在跨地区办报制度的博弈中，报社与资本的联盟仍然处于主动地位，更多表现出逐利，而政府对跨地区办报的"收"与"放"，影响深远。

一　跨地区办报的制度变迁

1987 年 7 月，中共中央发出《关于坚决、妥善地做好报纸刊物整顿工作的通知》，并出台了若干具体政策措施："各类报刊应集中办好本身的报纸、期刊，一般不要附带去办其他报刊。"[1] 1994 年 5 月 18 日，新闻出版署在《关于书报刊音像出版单位成立集团问题的通知》，对组建报业集团作了几条规定，其中之一便是不组织跨省区集团；20 世纪 90 年代中后期，资本与报业联姻开始萌芽，诸多报社自主探索跨地区办报模式，其中既有成功者，也不乏失败者。中央在观望之后出台相关文件规范报社的自主行为，尽管在总体上鼓励，但对于办报主体的限制是对于这一时期报社探索的否定，显示出控制与规划跨地区办报的意向。

2001 年 8 月 24 日，中共中央办公厅、国务院办公厅发布《关于深化新闻出版广播影视业改革的若干意见》，提出选择中央和一些省级报业集团、广电集团跨地区经营。2002 年 6 月 3 日，新闻出版总署发布《关于新闻出版业跨地区经营的若干意见》规定，"跨地区设立的分支机构，须接受所在地新闻出版管理部门的属地管理。主管、主办单位要切实承担对所属企事业单位出版内容和经营方向的管理职责。对经批准进行的跨地区经营活动，各级新闻出版管理部门要提供良好的服务，积极予以支持，不

---

① 　朗劲松：《中国新闻政策体系研究》，新华出版社 2003 年版，第 75 页。

得以任何形式进行地区封锁，不得滥用行政权力，限制其进入本地市场经营"。2002 年 7 月 2 日，新闻出版总署关于《贯彻落实〈关于深化新闻出版广播影视业改革的若干意见〉的实施细则》规定，有条件的中央及省级报业集团经批准，可实行跨地区经营。跨地区经营应主要通过兼并重组、合作联营的方式实现。对报业集团的跨地区办报持鼓励态度，但对违规、未经审批的跨地区办报持严峻态度。2002 年 9 月，中宣部有关领导指出，要清理不符合政策规定的跨地区投资，如外传的西北某报对东北某报的投资等。① 此后，省级、中央级报纸成为跨地区办报主体，多选择"集团合作"的形式创办报纸，出现了《新京报》、《第一财经日报》等优秀报纸。

2004 年上半年新闻出版总署一两个试点，允许有条件的报业集团或影响较大的报纸在所属区域以外跨地域联合办报。② 但随后，跨地区办报很快被中宣部叫停。2004 年 11 月，时任中央政治局委员、中宣部部长的刘云山在深圳表示，鉴于跨地区办报过程中，属地管理问题尚未得到很好解决，暂停审批跨地区办报，已获批跨地区办报可继续试点。③ 2004 年 12 月，在中央文化体制改革试点总结会上，中宣部有关负责同志对于暂停跨区域办报一事，态度坚决。会议上，深圳报业集团负责人提出要求办理《时代商报》的合法手续问题，中宣部负责同志表示该问题不容讨论。在上述背景下，《华商报》系在天津、北京接办的《大众生活报》和《科学时报》均无法推展。④ 2006 年 8 月，出版总署报刊司颁布全国报纸出版业"十一五"发展纲要行动计划，提出要推动党报集团向跨地区发展、跨媒体经营的综合性现代传媒集团转型。⑤ 从以上梳理中我们可以清楚地看到，我国跨地区办报制度变迁呈现出"收"—"放"—"收"—"放"的反复过程。

二 两次跨地区办报高潮

报业跨区域经营的被学界认为有以下几种模式：（1）省内扩张模式；（2）把办报大本营搬到最具优势的一类城市模式；（3）报业集团间的联

---

① 《中宣部提出要清理不符合规定的跨地区投资》，《传媒经济参考》2002 年第 34 期。
② 《新闻出版总署将试点跨区域办报》，《传媒经济参考》2004 年第 92 期。
③ 《中宣部暂停新批跨地区办报》，《传媒经济参考》2004 年第 111 期。
④ 《暂停跨地区办报中宣部态度坚决》，《传媒经济参考》2004 年第 112 期。
⑤ 《全国报业出版业"十一五"发展纲要（摘要）》，《中国报业》2006 年第 8 期，总第 213 期。

盟合作模式；（4）直接投资办报模式；（5）异地覆盖模式。本书更为关注报纸注册地与报纸的发行区域较为一致的跨地区办报的活动，其中那些跨省的办报活动更具研究价值。

从跨地区办报的制度变迁可以看出，跨地区办报始终在收与放的反复之中，在两个放的时间段上，分别有两次跨地区办报高潮。第一个跨地区办报的高潮集中在 1999—2001 年，如成都商报投资改造或联办《云南信息报》、《贵州经济报》、《江南商报》、《西南商报》；《华商报》则跨省在沈阳、长春投资《华商晨报》、《新文化报》。第二个跨地区办报的高峰集中在 2003—2004 年，主要有：光明日报报业集团和南方日报报业集团联合办《新京报》；安徽日报报业集团和法制日报联合办《世界报》；解放日报报业集团和成都日报报业集团联合办《每日经济新闻》；上海文广和北京青年报社及广州日报报业集团联办《第一财经日报》。

我国跨地区办报集中在两个时间点上，两次跨地区办报高潮的方式、规模、地点、外部环境都有明显差异。第一次跨地区办报：从办报的行为主体来看，是单一报社充当第一行动集团；从创办者身份来看，大多是都市报，如《华商报》、《成都商报》都不属于传统的党报；从办报的区域来看，东北、西北、西南以及非省会地区是办报的地点选择；在创办报纸的定位方面，大多定位于综合性日报；在政府态度方面，对报社的举动持默许态度，尽管其中也有"管制"，还是给予报社一定的自主空间。

由 2003 年开始的第二次办报高潮与第一次差异甚多。在跨地区办报主体方面，第二次跨地区办报均为党报报业集团参与，实力以及级别与第一次差距明显，实力较强的广州日报报业集团、南方日报报业集团，政治影响力较强的中央级报业集团如光明日报报业集团、法制日报报业集团参与其中；从办报地区来看，多是中心城市，拥有巨量广告资源的城市如北京、上海等；从办报定位来看，大都走专业报纸路子，如经济类、资讯类的报纸。中央政府在这一次跨地区办报的态度较为明确，鼓励有实力的报纸进行跨地区办报，扩充报业集团实力。

三 跨地区办报的收与放

考察两次跨地区办报的实践和相关的制度变迁，可以看出，两次跨地区办报"收"的原因截然不同：第一次跨地区办报的终结是鉴于中央政府对于报业结构问题的考虑；第二次跨地区办报终结缘于中央政府在平衡地方政府利益后的考虑。

（一）关键词Ⅰ："非党报"

第一次跨地区办报的兴起源自报社的自主扩张，没有任何制度支持。在原有制度下，一些活跃的报纸开始探索跨省办报，如《华商报》、《成都商报》。西安广告资源总量有限；成都广告资源的拓展空间有限。很明显，这两家报纸向外扩张都是因为当地的资源受限而为之。广告利润的强大驱动力促使它们跨地区办报。"'天花板理论'认为：成都报业已经达到了天花板的顶端，已经没有发展的余地，要继续发展，只能向外搞'异地办报'。"①

由于这两家报社自身的经济实力并不十分雄厚，因而选择东北、西北、西南进行小规模的投资是符合其发展要求的。这些地区报业市场竞争不算激烈，报纸进入的成本较低，运用其成熟的报纸操作经验，能够快速实现赢利。"这种边缘战略，使实行扩张的报纸发挥相对优势，综合营运品牌、资本、人力资源，在报业竞争链条的弱环上撕开一个口子，填补市场空白，创造发展机会。"② 2000 年《成都商报》派出 27 名成熟的报人，注资 300 万元（一说 600 万元）改造云南省计委所属《云南经济信息报》，更名为《云南信息报》，不仅版式与内容操作上照搬《成都商报》模式，体育、娱乐等版面更直接从成都传版，用较少的投入、较快的时间推出了一张比较成熟的都市生活类日报。③ 基于对报社内部优势以及报业外部环境的精确分析，扩张战略的正确性得到市场验证，《云南信息报》的投资在 6 个月内快速收回。

《成都商报》、《华商报》走到了跨省办报的前列，对于报业市场的反应速度远远超过省级、中央级的报业集团。从办报的启动资金来看，两报借力业外资本获得发展，有了一定经济实力——拥有了"业内资本"。无论业内还是业外资本，资本的逐利性、运动性不会改变。"资本对于价值增值的无尽追求决定了资本不断地、周而复始地进行循环；由于资本的趋利本质，使市场上交易的资本品种能在价格的诱导下流向预期收益最高的

---

① 陈国权：《试析华西都市报和成都商报的异地办报》，2004 年 3 月 10 日，媒体安都，www.mediaundo.com。

② 罗建华：《"跨地区办报"风生水起》，《新闻前哨》2003 年第 8 期。

③ 本刊记者：《走入"微利时代"——昆明报业之竞争回顾》，《中国记者》2004 年第 10 期。

企业部门。"① 在本地报业市场空间受限的情况下，报业资本必然流向回报高的报业区域市场。《成都商报》、《华商报》掌握成熟都市类报纸操作技巧，但政治影响、经济实力有限，进入报业市场中较为"边缘"的地区是最佳选择，市场回报也证明了两报扩张战略的正确性。

非党报的快速扩张与政府优化报业结构的整体构想并不符合，与从20 世纪 90 年代中后期开始的壮大党报报业集团同时治理报业散滥的宏观规划不符合。规范跨地区办报行为、调整跨地区办报主体是中央建设以党报报业集团为核心的整体规划所要求的，2002 年，新闻出版总署规定："有条件的中央及省级报业集团经批准，可实行跨地区经营。"② 并着手"清理不符合政策规定的跨地区投资"。③ 在维护意识形态稳定的考虑下，非党报的扩张被叫停，在资本与政府的博弈中，政府无疑占据上风。

（二）关键词Ⅱ："属地问题"

2003 年起，文化体制改革试点工作迅速推进，报业集团的市场主体的塑造成为改制的关键点，"进一步扩大报刊社之间通过重组、联合、并购进行跨地域办报办刊的试点，进行报纸创办地方版的试点"④ 开始实施。2003 年 11 月 11 日，中国第一张得到国家有关部门正式批准的跨地区创办的报纸《新京报》创刊，同时这也是第一张由两家党报集团联合主办的大型日报。随后《第一财经日报》等跨地区报纸纷纷面世，《每日经济新闻》更是跨媒介合作的结晶。

对于中央政府而言，跨地区办报同样是治理报业散滥的重要途径。借由实力较强报业集团的扩张，通过兼并一些报纸增加报业集团经济实力。进入其他区域投资办报，凭借资金以及专业优势，能够迅速占领被进入区域的报业市场，压缩一些经营不善的报纸的生存空间，达到优化报业结构的目标。从宏观或者长远的角度来看，政府对于传媒的控制力必然要通过经济手段来实施，"新闻主管部门要想达到通过报业集团来进行舆论导向调控和宏观管理的目的，必须让报业集团充分发展和扩张，从现在的一个

---

① 刘义圣：《中国资本市场的多功能定位与发展方略》，社会科学文献出版社 2006 年版，第 48 页。
② 《新闻出版总署关于贯彻落实〈关于深化新闻出版广播影视业改革的若干意见〉的实施细则》，新闻出版总署网站。
③ 《中宣部提出要清理不符合规定的跨地区投资》，《传媒经济参考》2002 年第 34 期。
④ 石峰：《2004 年报刊业突破在即》，《传媒经济参考》2004 年第 4 期。

集团四五家子报发展到一个集团拥有几十家甚至上百家报纸，而目前报业集团不能跨地区兼并和报业集团的自身实力限制了它的发展"。① 由此可以推测，对于中央政府而言，推行跨地区办报的实施对于整个报业的健康、有序、安全的发展是有益的。

第二次跨地区办报是政府主导下的，由报业集团进行的有意识的扩张，还是遵循试点——推广的渐进式制度变迁路径，保持谨慎的探索心态。但"摸着石头过河"却碰上了"石头"——属地问题。"我国报刊社的活动是按照国家的行政系统组织进行的，即所谓'归口管理'。各个主管部门的组织范围和管辖权限把报刊社分割成相互封闭的庞杂的条条块块……任何跨地区、跨部门、跨组织系统的行为，都是对主管单位管辖权的侵犯"。② "跨界"报纸与当地政府之间的关系成为焦点问题。鉴于传媒的特殊作用，以及长期实践中形成的传媒与政府之间的特殊关系。"媒体就是一个影响力很强的舆论中心和集体意志的象征，报业集团跨地区办报后，原有的权力传递和社会控制体系会受到影响"。③ 当某些重大事件以及突发事件发生时，跨地区报纸的存在使得宣传统筹、舆论控制操作出现不确定性。当跨地区办报方是省级、中央级报纸，而报纸发行区域仅是地市级时，这样的"级差"对于当地行政权力会造成无形压力。当地政府对于跨地区办报的态度，被认为是"一个合作失败的很关键的一个因素"。④

在更早的时期，有关跨地区办报就纷争不断。如辽宁日报报业集团想到经济条件好的地级市办一张子报，当地日报强烈抵抗，写信、上访。为稳定大局，省领导找到省报的社长说："你们就不要到人家地盘上抢饭吃了。"《中国青年报》试图兼并某省青年报，该报社的领导同意了，但团省委领导说"不同意"。《中国青年报》又找到另一省的青年报和团省委，报社和团委都同意了，省委领导又一票否决。《中国青年报》连找四省，皆以碰壁告终。⑤ 同类例子还有甚多，条块分割的行政管理模式是我国行

---

① 孙燕君：《报业中国》，中国三峡出版社2002年版，第319页。
② 刘波：《报刊业发展中几个问题的思考》，《传媒》2002年第3期。
③ 张静：《跨界运作：中国媒介集团必经之路》，《新疆社会科学》2005年第3期。
④ 陈舒平：《报纸跨地区合作中的环境与心态》，2003年10月23日，http：//www.sina.com.cn。
⑤ 以上两例均参见喻乐、朱学东《集团化苦旅》，《传媒》2003年第9期。

政结构的重要特色，此时成了跨地区办报的制度枷锁，开展跨地区办报的试点的步子不得不放缓。从跨地区办报博弈表面来看，发生在报业集团或者报社携资本与当地政府之间，其实质是中央政府与地方政府之间，或者上级政府与下级政府之间的管辖利益之争。

四　跨地区办报的走向

2006 年 8 月，新闻出版总署报刊司颁布全国报纸出版业"十一五"发展纲要行动计划，重提跨地区发展推动报业集团发展的规划。可以预计，跨地区办报新一轮的探索即将展开，非党报身份以及属地问题仍然是跨地区办报发展的"瓶颈"。非党报身份在与当地政府的谈判中处于绝对下风，上文提及的两家非党报都规避或者淡化其属性问题。2002 年 9 月，《成都日报》、《成都晚报》与《成都商报》一起组建成都日报报业集团，转换了自身的身份。该集团于 2004 年联合解放日报业集团在上海创办《每日经济新闻》；依托人民日报报社成立的华闻传媒（000793）① 持有华商传媒②61.25％股权后，《华商报》本身的政治谈判能力也随之增强。

2012 年，新闻出版总署下发《关于加快出版传媒集团改革发展的指导意见》，首次提出"着力推动联合重组，破除地区封锁和行业壁垒，实现出版传媒集团跨媒体、跨地区、跨行业、跨所有制、跨国界发展"。但从现实来看，跨地区办报仍旧困难重重。

跨地区办报的属地问题会长期存在，试图规避属地矛盾的有效途径是：（1）内容的去新闻化：创办非新闻类报纸，如经济、资讯、服务类报纸；（2）结盟中央级传媒集团：消除地域界限；（3）结盟当地传媒集团：通过资本结盟实现间接"本地化"；（4）结盟当地政府：主动接受管制，只帮忙不添乱。可以预见，跨地区办报的规模发展，必然建立在政府的开明及报社扩张智慧的结合点之上。

---

① 华闻传媒大股东为上海新华闻与首都机场集团公司。上海新华闻的股东为华闻控股和广联南宁（各持有 50％），华闻控股前身为人民日报重大项目办公室。人民日报社直接持有华闻控股 94.97％的股权。华闻控股实际上是人民日报产业化经营的平台。广联南宁 1993 年由人民日报在广西成立，探索产业化经营（摘自申银万国 2006 年 7 月 25 日研究报告，分析员廖绪发）。

② 2000 年 8 月 29 日经陕西省工商行政管理局批准注册成立，注册资本 8000 万元，已经取得独家代理经营《华商报》、《新文化报》等媒体的广告、发行、印刷业务的权力。

本章小结

"入世"如同大规模的制度移植，政府对于经济活动的参与边界被明确界定。报业发展也从封闭走向开放，报业制度选择主体由政府、报社的两方博弈变为政府、报社、资本的三方博弈。资本为降低投资风险、扩大收益，总是试图进入报纸编辑环节或者超出资本比例限制。在博弈格局下，维持报社与资本的合作博弈，用传播行为平衡市场与政府需求是实现资本安全的重要途径。在文化体制改革下，报社开始进行改制。政事分开、政企分开下要求的公益事业与经营企业两分开，在报业改制实践中被转换为宣传、经营两分开，报业集团、党报、晚报开始实行"剥离转制"。剥离转制对博弈三方都不是最优选择，会造成国有资本流失、报社智力资源受损、资本产业链断裂。诉诸政府权力实现的剥离转制并不是三方博弈的均衡状态，是报业发展的隐患所在。在资本逐利驱动下，报社有着两次跨地区办报高潮，政府以"非党报"和"属地问题"为由终止了报社的跨地区扩张，再次显示了在报业制度博弈中，政府的强势地位，从另一个侧面表明，我国报纸产业化远未完成。

第六章　四方博弈：报业制度选择的理想模式

2004 年国务院发布《全面推进依法行政实施纲要》（以下简称《纲要》）。在事业改革的原则方面，《纲要》提出，"只有政企、政事彻底分开，将市场竞争机制能够有效调节的事情交给市场，将社会能够自律管理的事情交给社会，将公民、法人或者其他组织能够自主决定的事情交给公民、法人或者其他组织，充分调动和发挥市场、社会和公民自身能动性，政府职能才能真正转变到位"。从这个原则可以看出，在事业改革进程中，公民、法人、组织与市场、社会、政府并列成为调节社会、配置资源的重要力量。2003 年时任新闻出版总署副署长的柳斌杰的话正好印证了《纲要》的提法："新闻出版管理整个评价体系有一套独立的原则，并不与书报刊本身的社会反响接轨，没有'人民满意不满意'这个根本标准，现在必须改变。"[①] 可见，在未来的报业发展中，公民的参与将对报业制度选择起到重要作用。报业发展中，受众的社会参与权以及货币投票权是公民参与报业制度博弈的基础。受众参与方式更多的是间接参与，通过非营利组织中的社团、协会与政府、报社、资本进行协商、沟通，确保受众利益或者说公众利益在报业发展中得到切实保障。

第一节　报业改制：从三方博弈走向四方博弈

具体到传媒领域，公民这一概念可以与受众相替换。从制度结果来衡量，不可否认，报业制度取得了突出的成就。新制度经济学认为，对一项制度的评估，不仅仅要考察其实施结果，更重要的是考察其实施程序是否

---

① 李宗品：《新闻出版业"变法"在即》，《广州日报》2003 年 7 月 24 日。

公正。从这个角度出发，报业制度最直接的相关者——受众与政府、报社、资本相去甚远。多次制度调整中，受众利益并没有得到大幅度的改善。在总体性社会中，受众总是"被动地接受管理，缺乏体现人民主权原则的有效形式"。① 改革开放后，受众自主性虽开始被关注，但力度和深度远远不足。对于一项制度来讲，公平至为重要。公平的制度应该符合两个基本原则："第一个原则是'自由的平等原则'，它强调每一个参与者都'平等'地享受各种权利；第二个原则是'差别原则'，它强调必须促使社会中'处境最不利'的成员获得最大的利益。"② 现有的报业制度，并不符合公平原则，这对于报业发展不利，极有可能导致"制度危机"。因此，在未来报业制度选择中应凸显受众力量，即从三方博弈走向四方博弈。

一　受众的概念

受众是传播学的基本概念，同时也是最为重要的概念，"由媒介、社会与人的复杂关系建构起来的大众传播理论中，受众是一切问题的交叉点"。③ 从传播过程来看，受众有群体性与匿名性的特点，正如约翰·菲斯克所言，"在广义层面上讲，受众是指大众传播所面对发言的无名个体与群体"。④ 丹尼斯·麦奎尔则认为，"受众是一定社会环境下（造成共同的文化兴趣、理解和信息需求）的产物，同时也是对于特定形式媒介供应物的一种反应。受众通常是同时存在的，当一个媒体开始对某一范畴的成员或者一个特定地区的居民进行诉求时，受众便开始存在"。⑤ 本书中所提及的受众与其他相关学科所界定的大众、公众⑥等概念的内涵、外延都极为相似，在后文论述中会交替使用。

---

① 李恒光：《市场与政治之中介：聚焦当代社会组织》，江西人民出版社2004年版，第252页。

② 参见杨俊一《制度哲学导论——制度变迁与社会发展》，上海大学出版社2005年版，第284页。

③ 单波：《受众研究读本》译者序，罗杰·迪金斯等编，华夏出版社2006年版，第1页。

④ 参见［美］约翰·菲斯克等编撰《关键概念：传播与文化研究辞典》，李彬译注，新华出版社2004年第2版，第18页。

⑤ ［美］丹尼斯·麦奎尔：《麦奎尔大众传播理论》，崔保国、李琨译，清华大学出版社2006年第4版，第306页。

⑥ 大众（Mass）是指一群有共同目的，但彼此未有直接接触者；公众（Public）是一个具有共同利益、共同关系或共同意见的分散的人群。彭怀恩编译：《社会学的基石：重要概念与解释》，风云论坛出版社1993年版，第76页。

传播学研究派别各异，对大众传播活动中受众地位的认识也有不同，主要有三种类型：其一，强调受众的被动地位。如"个人差异论"、"社会分类论"、"社会关系论"等。其二，强调受众的主动地位，出现了以受众为中心的研究取向，如"使用—满足"、"二级传播论"、"社会参与论"等。其三，强调受众在大众传播中拥有相应的权利。如传播权（the right to communicate）、知情权（the right to know）、传媒接近权（the right of access to mass media）等。现阶段比较主流的观点是"受众在传播中不是处于消极被动的地位，而是相当活跃的主体。人们对受众在传播中的地位和作用有了全新的认识，完全可以称为'受众的发现'"。①

随着传媒产业的迅速发展，传媒垄断逐渐形成，"受众首先表现为大众媒介的市场，进而表现为信息产品的消费者"。② 消费视野下的受众成为"市场"的同义词，麦奎尔对"受众即市场"概念梳理后发现，"成员是个别消费者的集合体；成员彼此之间没有关系；成员没有共享的认同；市场的形成是短暂性的"。同时麦奎尔也认为，"市场以一种'计划性'而非规范性或社会关系的形式将传播者与接收者联结起来，变成一种生产者和消费者之间的现金交易而非传播关系。它忽略了消费者之间的内在关系，因为这些关系对媒介服务的供应者而言并无吸引力。它将社会经济准则置于优先地位，并把焦点放在媒介'消费'而非媒介的'接收'上"。③ 市场化的受众概念对于媒介经营者更具现实意义，同时也产生了市场需求与受众需求的分歧。

总的来说，传播学关注受众权利的阐释，媒介经营更倾向于将受众作为消费者来解读。这两个维度中偏重于任何一方，都无法对报业制度中受众地位作出正确的评估。报业的公益性与营利性特征决定将两个维度结合才能理解受众在制度选择中的核心位置。

二　被消解的受众

诸多学者从受众角度来总结我国新闻改革的基本特征，认为我国新闻

---

① 夏凡：《受众观念论——从受众立场思考中国新闻改革》，2006 年 1 月 14 日，http：//academic. mediachina. net。

② 藏海群：《受众：市场、商品与意义生产者?》，《中国社会的运行与变迁》，北京大学出版社 2006 年版，第 166 页。

③ 以上内容参见［美］丹尼斯·麦奎尔《麦奎尔大众传播理论》，崔保国、李琨译，清华大学出版社 2006 年第 4 版，第 308 页。

改革总路径是从传者本位到受者本位。陈崇山认为"进入（20 世纪）80年代中期，受众理论的探讨开始转向以受众为本位，将受众作为权利主体来审视，从受众作为社会主义新闻媒介的主人，作为传播活动的轴心，应该享有充分的知晓权、表达权、舆论监督权等权益意识出发，要求新闻改革的目标必须适应和满足受众的需要，维护受众的权和利"。[①] 从陈的言说中不难发现，这是通过"受众中心"这个视角来呼吁新闻传播实践保障受众权利。樊亚平也认为，社会系统之决策层、组织层、领导层对于受众中心地位的确立最为关键。[②]

在理论层面，对受众中心的观点达成共识，但在实践层面却难以落实。夏凡认为，"从大众传播的技术特征和传播的社会控制考虑，受众中心论只能是一个乌托邦：无论是传统'宣传型'观念还是新兴的'市场型'观念，都不是以受众为中心"。[③] 从改革的思路或者理论建构来看，受众中心地位的确立无疑具有积极、进步意义，但受众中心论在制度层面也难以印证。"大众媒介的传播倾向基本是由政府或政党所决定的。因此，对于自身的领导和社会大众，媒介的态度是大不一样的，满足政治权力的要求被置身于优先于群众要求的地位。"[④] 在新闻改革中，受众尽管屡次出现在制度选择的关键点，如对于社会效益的强调、对于服务性的强调等，但事实上，受众的权利并没有得到充分的尊重，在政府和报社的博弈中，受众利益或者说群众需求，只是充当了双方的博弈筹码，政府和报社都运用公众需求去论证改革或新制度出台的必要性，但这种需求是否存在以及在实践中如何满足的问题在制度出台后却往往被置于一旁。随着报业的成熟，受众参与应该得到更多的关注，这是因为"人的价值实现即竞争机会问题，以及社会的和谐有序即制度公平问题……应当是给予每个人平等的竞争机会和公平的竞争规则，从而体现人的价值和社会的和谐，形成更具持续性和普遍性的公平观，促进经济社会的可持续发展"。[⑤]

在改革开放之前，特别是"文化大革命"期间报纸的巨大发行量显

---

① 陈崇山：《传播网中谁主沉浮？——试论受众本位》，第三次全国传播学研讨会论文，1993 年 5 月。

② 樊亚平：《试论确立受众中心的两个层面》，《兰州大学学报》（社会科学版）1997 年第4 期。

③ 夏凡：《试论大众传播的误导》，《现代传播》1997 年第 3 期。

④ 张昆：《大众媒介的政治社会化功能》，武汉大学出版社 2003 年版，第 418 页。

⑤ 彭海斌：《公平竞争制度选择》，商务出版社 2006 年版，第 6 页。

示了受众的客观存在。但从传播学角度来看，此时的受众如"魔弹论"中的靶子，是被动的、毫无反抗性的传播对象，自主性和独立性被钳制。大众传播的强效果，在彼时的环境中是必然的。当时的传播环境具备强传播效果产生的基本条件：封闭环境、信息渠道单一、外界干扰小。报社此时与党委"统合"，报纸不仅是传播者，更是组织者、宣传者与鼓动者。报纸的传播效果并不是报纸单一取得的，更多的是要借助政府组织。这不仅体现在报纸的发行上，甚至报纸的阅读也是由"单位"组织进行集体阅读、学习。在这样的环境下，政府迅速取得了宣传效益，维持它们预期的政治环境。改革初期，受众的深层力量仍然是被忽略的。报业制度选择中，尽管政府对报社的自主探索秉持静观默察的态度，但这种活动一直处于政府的话语框架内：发行制度的改进，广告制度的恢复，以及报社多种经营的探索，报纸主业并没有过多的变化，仍然处在相对稳定的传统"党报"模式。受众此时出现在政府与报社的话语之中，还是被动参与者。

20世纪90年代中期，报业市场出现，受众首次参与到报业制度选择中，受众以消费者的身份牵引新闻事业逐渐转向新闻产业，都市报的创办与发展客观上是受众力量在报业市场上的表现，市民报是都市报的另一称谓。这一阶段，报社客观上成为受众的代表，在政府与海量受众组成的报业市场中，报社为了获取经济利益，不得不在原有党报架构上创办都市报。原有的晚报以消闲、服务为主，都市报则强调提供硬新闻，强调媒介对于公共事务的参与。

尽管我国以党报、机关报为主的管理模式在报业制度选择上呈现一定的惯性，但随着文化体制改革进程加快，经营性的报社开始出现，政府无疑要将报纸的管理权部分交与社会。因此，在现有的法制框架内，市场必将成为监管报社活动的行为主体，社会组织会拥有调节报社、资本的力量，通过公众舆论以及组织间沟通对报社商业化行为施加压力，受众手中的消费权是获得传播权的保障，受众将成为报业制度变迁的重要影响因素。

图6-1清晰地表明了现有博弈格局中受众被消解的现状，报业的健康有序必然是在满足受众利益基础之上实现的。维系报业的平衡必然要引入受众作为博弈主体，以制衡现有博弈三方。表面来看，政府、报社都是受众利益的维护者，但当公众利益与政府、报社利益冲突时，无疑会置公众利益于不顾，最终受众的利益还必须由受众自己来维护。

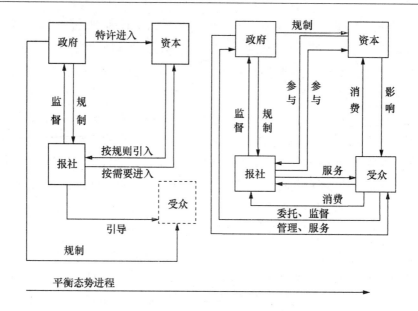

图 6-1 报业制度选择中受众的消解与参与

三 市民社会是受众参与博弈的基础

受众参与报业制度的博弈，最重要的条件就是市民社会①的形成与壮大。从一般意义上讲，市民社会是指个人、团体按照非强制性原则和契约观念进行自主活动，以实现物质利益和社会交往的相对于国家的非政治生活领域，亦即国家政治生活之外的所有社会秩序和社会过程。市民社会有两个方面的含义。首先，它意味着一种独立于与对立于国家干预的社会经济生活领域；其次，它意味着国家权力的一种法律上的界限。② 正如邓正来所描述的，市民社会"基于原有的国家与社会的分野，寻求社会透过民主参与、社会运动、自治结社以及舆论影响而对国家政治决策进行参与

---

① 市民社会是英文 civil society 的汉译，也是近年来学术界经常讨论的命题。陶鹤山提到在欧洲思想史上，civil society 曾被赋予多种含义，如与野蛮或无政府状态相对应，汉译可称"文明社会"；与教会相对应，可称"市民社会"；与国家相对，则又称"公民社会"。台湾学者则译为"民间社会"。因此市民社会、公民社会、民间社会是一个词三种不同的译法。本书选用了市民社会的提法，根据俞可平的解释，市民社会这一术语最为流行，是来源于马克思主义经典著作的中文译名。参见陶鹤山《市民群体与制度创新：对中国现代化主体的研究》，南京大学出版社2001年版，第2—3页；李恒光：《市场与政治之中介：聚焦当代社会组织》，江西人民出版社2004年版，第74页。

② 唐士其：《市民社会、现代国家以及中国的国家与社会关系》，《北京大学学报》1996年第6期。

和影响"。①

只有在市场经济环境中市民社会才得以建立并走向成熟，只有市场经济充分发展，才会有真正意义上的市民社会。市民社会表现为各种社会组织，也即黑格尔所说的"社团"。市场经济的发展促进了这些组织的发展，同时，这些组织反过来也会对市场经济起着某种校正作用。② 市民社会最重要的标志就是大量的个人和组织脱离政治权力框架，成为政治生活的参与主体。市民社会是国家或政府之外的所有民间组织或民间关系的总和，其组成要素是各种非国家或非政府所属的公民组织，包括非政府组织（NGO）、公民的志愿性社团、协会、社区组织、利益团体和公民自发组织起来的运动等，它们又被称为介于政府与企业之间的"第三部门"。③ 市民社会不仅通过施加舆论压力保障公众的权利，更为重要的是通过参与、组织公民团体维护公众权利。

四　受众作为博弈主体的特征

在未来报业制度四方博弈中，受众在报业经济中是一种稀缺资源，决定了受众首先处于被争取的地位。政府所拥有的公益性报纸必然会以提供相应的信息、新闻传播来获取受众的消费；对于资本和报社而言，无论两者合作办报，还是各自办报，对于受众资源的争夺，是实现报社利润和资本增值的必要条件。受众本身并不是被动的被争取，而是具有主动性、自主性的传播对象，四方博弈中，受众将处于中心位置。

政府、资本和报社即使同样拥有受众群，各自获取的利益也不尽相同。对于政府而言，如果报纸能够实现对于广泛受众的有效传播，意味着政府意识形态的统一及社会稳定、持续、健康发展。对于报社而言，稳定的受众群会提高报社的品牌及公信力，给报社带来强大的发展空间；对于资本而言，获取受众资源，能够通过报纸将受众资源置换为经济收益，完成资本增值。由此可以看出，无论是政府的宣传效益还是资本、报社的经济效益，其最终的实现必须诉诸受众。因此，受众无疑拥有权利，并通过

① 邓正来：《国家与社会——中国市民社会研究的研究》，选自［美］杰弗里·亚历山大、邓正来主编：《国际与市民社会——一种社会理论的研究路径》，世纪出版集团，上海人民出版社 2006 年版，第 485 页。

② 陶鹤山：《市民群体与制度创新：对中国现代化主体的研究》，南京大学出版社 2001 年版，第 5 页。

③ 杨俊一：《制度哲学导论——制度变迁与社会发展》，上海大学出版社 2005 年版，第 335 页。

这些权利的运用使报业结构向更合理的方向转换，即重新选择报业制度。较为典型的例子体现在跨地区办报上。尽管某些地市级报纸抵制外来办报，但是本地的报纸并没有因为地域市场的封闭而获益，地市级报纸的经济利益也没有因为竞争者缺位而好转。受众将媒介消费或者媒介使用转换到其他媒介上，如电视、网络、音像制品等，受众量的减少使政府在宣传效益上几乎没有收益。这种情况下原有报业制度会出现一种消极均衡。未来报业市场的完善过程正是消极均衡向积极均衡的移动过程，重要的驱动者就是受众。

受众与政府、报社以及资本相比具有相异的特征。由此决定了博弈过程中，受众的博弈方式以及博弈策略与其他主体截然不同。从其运行特征来看，受众具有三个重要特征：（1）受众的松散性。报纸受众规模庞大且带有分散性、匿名性、流动性特征，决定了受众的非组织性。"受众的组成总是不断地在改变，而且因为四处分散以及异质化的缘故，受众也缺乏任何自我身份的认同。受众无法轻易向大众媒介信息的生产者和传播者作出'反馈'，所涉及的传播关系属于典型的计算性和非心理性的，彼此之间也缺乏参与和依附的关系。"[1]（2）受众的自利性。以追逐利益为目标，存在机会主义和"搭便车"的动机，最大限度地利己，有时甚至不惜损人。但并不排除关爱他人和利他主义，也不排除个人利益主动地服从社会福利。[2]（3）信息不完全性。对于报社的运作、报社与政府、资本之间的复杂互动，作为报纸消费者的受众并不能完全掌握其中的信息，或者根本不掌握。受众更多强调自身利益，对于报业制度如何演进并没有明确的意向。受众的无组织性、自利性、信息不完全性决定了受众在参与制度博弈时不会直接出现，而是以隐性或间接的行为参与报业制度的选择。

受众参与报业制度博弈主要通过两种渠道：一为松散的博弈，通过受众的消费权转移来实现；二为集中的博弈，通过社会中介组织与政府、新闻业进行沟通和施加压力，这是最常用的博弈形式。

---

① ［美］丹尼斯·麦奎尔：《麦奎尔大众传播理论》，崔保国、李琨译，清华大学出版社 2006 年第 4 版，第 306 页。

② 彭海斌：《公平竞争制度选择》，商务印书馆 2006 年版，第 110 页。

第二节　四方博弈中的受众位置

从三方博弈的格局来看，报业进行"两分开"的改制思路将会长期存在。从实践层面来看，以后的改制会有以下两种趋势：第一，改制会落实到每个具体报纸。现在剥离转制的主体是报业集团，大众日报报业集团、新华日报报业集团、河南日报报业集团、深圳报业集团、北京青年报社、今晚报传媒集团六家报社和报业集团均是剥离转制试点。部分报纸会进一步走向整体转制，其中党报成为公益性报纸，而报业集团下的系列报会部分转制成企业，如解放日报报业集团的《上海学生英文报》、文汇新民联合报业集团的《上海星期三》等都已改制为企业。转为企业的做法将会从专业性报纸，如经济资讯类，向综合性日报延伸。第二，经过剥离转制向整体转制的过渡，报业市场会形成公益性报纸和经营性报纸并存的格局，相互之间有着明显的界限。公益性报纸履行党的喉舌功能，被赋予相应传播特权，获得相应的财政与人力的支持。如：①重大政策的首发权；②重大新闻独家报道权；③在一定范围内的发行权；④必要的财政补贴；⑤政府的广告（公告）的独家刊登权。[①] 通过政策倾斜以及财政支持可保证公益性报纸的影响力。经营性报纸通过市场配置资源，通过竞争使结构优化。针对公益性报纸和经营性报纸[②]目标取向的差别，受众的参与方式也完全不同，对公益性报纸表现为合作博弈，对经营性报纸表现为非合作博弈。

一　公益性报纸与受众的合作博弈

公益性报纸与经营性报纸区分之后，报纸的走向十分明确。公益性报纸尽管一定程度上必须履行喉舌功能，但传统的"党报"模式会随着政治改革进程被注入新的内涵。如"大报"模式的出现对中国报业发展具有启示意义。《南方日报》近年来的改革正是这一思路的具体实践。公益性报纸本身以其对政府信息的垄断性、非营利性来实现喉舌功能，有条件建构有影响力、公信力的"大报"地位。公益性报纸这样的地位对于整

---

①　参见李良荣《论中国新闻媒体的双轨制：再论中国新闻媒体的双重性》，《现代传播》2003 年第 4 期。

②　本书所涉及的公益性报纸、经营性报纸都是指其出版单位的性质。

个报业良性发展有着十分重要的意义。其一，公益性报纸的"大报"定位对于市场化报纸的煽情主义倾向是无形的压力。大报在传播实践中，通过自身活动设置报纸的"标杆"，对于整个报业确立评价标准具有示范作用。其二，公益性报纸的大报定位，在一定程度上丰富了受众选择范围，通过满足受众需求，间接调整报业结构，维持报业的良性发展。

在公益性报纸活动中，受众参与更多表现为合作博弈。公益性报纸的目标在于更好地提供公共服务，这无疑需要广泛的社会参与。公益性报纸与受众组成的社会团体、民间团体等非营利组织的密切配合是确保服务质量的关键。尽管在未来很长时间内，政府还将是公益性报纸的主要规制者，但公益性报纸与非营利组织的配合有得天独厚的优势，会大幅度提高报业公共服务的层次。这是因为：其一，与报纸仅仅提供信息服务不同，非营利组织有着"动员社会资源"的能力，配合报纸新闻信息的提供，能够将报社的公共服务具体化和落实化；其二，非营利组织有自己的资金来源，在与报社合作时不会增加报社或者政府的财务负担；其三，公益性报纸与非营利组织建立起常规的沟通机制后，报社能够及时了解社会需求，调整公共服务的范围与目标，改进提供服务的方式，公共服务的质量会得到相应的提高。

二 经营性报纸与受众的非合作博弈

公益性报纸与经营性报纸两分开后，对于经营性报纸走向必须有统筹的规划。在西方，商业主义入侵新闻媒介，报业的良性循环并没有出现，传播生态恶化，"富媒体、穷民主"的现象比较明显，公众或公民的权益并没有因为媒介高度发达而得到更好的保障。实践证明，市场化并没有解决新闻业这个特殊行业的根本问题。在我国经营性报纸会逐渐增多的情况下，受众参与是报业经济利益、政治利益以及社会利益平衡的重要力量。对于整个新闻业而言，公众舆论是其报业发展中有力的制约因素。对于政府、报社、资本三个参与方而言，公众参与能够通过非合作博弈来实现各自均衡，公众的非合作博弈的策略是基于公民权以及受众拥有的消费权实现的。

经营性报纸的产业制度选择过程中，政府、报社、资本有各自的利益表述。对政府而言，维护原有控制力的思路仍然长期存在；与此相反的是放任自由的思维，完全将报社视同一般性企业，通过自由竞争来配置新闻资源。对报社而言，延续原有的管理体制，在满足政府政治需求后，借助行政权力达成对报业市场的垄断；与此相反的是报社完全的经济导向，以利益最大化为唯一目标，将经营扩大到报社所有部门。对资本而言，经营性报纸属性使资本拥有完整的产业链控制，逐利本性使其尽最大可能地进行商业化经营，强调资本的短期、快速回报；与之相反的是当资本认识到不能实现预期中的利益增值时，会迅速退出市场，会造成报业市场的失衡和混乱。参与博弈的三方总在上述两个极端波动，博弈主体选择任何一个极端，报业市场都不会出现良性、和谐的状态。由此可见，报业健康发展需要另一方——受众的加盟，方能在长期的发展过程中，取得动态的平衡（见图6-2）。

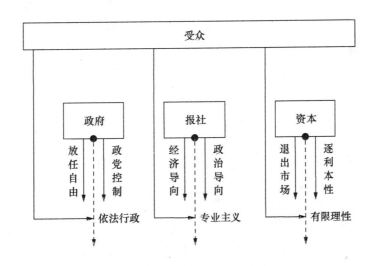

图6-2　受众参与促使报业动态均衡

（一）受众参与博弈规范政府行为

公众舆论首先能够对政府施加影响，确保政府行为规范。其含义在于：第一，政府只能在法制框架下对报社实行管制；第二，政府不能利用行政权力交换对报社的控制力。受众参与确保政府的管理在法制框架内进行。政府可以通过法律手段，规定报纸在经营中的运作，如对于报业垄断的限制、对于报业恶性竞争的管制等；对于报纸的商业化取向，政府可以通过制定相关法律进行管理与约束，如通过广告法，将新闻和广告新闻进行严格的区分，避免报纸沦为利益团体的工具。

政府要理顺与报社之间的关系，不应该通过给予报业某些特权，来保障自己控制下报纸的垄断地位，进而维护自身的舆论安全。2005 年 4 月哈尔滨市有关部门为解决省城报业市场不规范问题，提出了一个不可思议的决策动议，将首批 200 个报亭全部分配给哈尔滨市某报业集团（此前已先期给这家报业集团分配过 50 个）。这些报亭都在哈市黄金地段，把黄金地段的报亭都给一家报业集团，其他报业集团即使以后分到了城区边边角角的报亭也无法与其平等竞争。① 政府利用行政权力为某个报业集团获取市场份额机会，这是政府对于报业管理的越位，这样的事件在报业市场并不鲜见。某些地方政府利用各种名目、各种手段限制、阻挠、干扰报业的正常市场竞争，试图通过确保本地报纸的市场地位，来维护政府对舆论的控制力与影响力，这对受众的知情权是一种侵害，客观上剥夺了受众对于新闻的选择性。政府的管理，只能通过法律途径，在法制框架内进行。

在西方，商业化对于新闻业的侵害已经十分明显。西方报业私有、自由竞争下的报业结构也不是最佳选择。对于报纸的低俗性行为，政府可以通过两个渠道来解决：其一，出台相关法律，对报纸所刊登的内容，比如色情、凶杀类的新闻尺度予以详细规定，规范报纸操作；其二，利用公益性报纸，提供给受众其他选择可能，利用受众消费权转移来实现报业结构的优化。公益性报纸的典范作用能够使公众认识到新闻业"规范性"的要求，借由受众行使消费权使那些低俗报纸让出市场。

（二）受众参与博弈促成新闻专业主义

在西方，新闻专业主义发展是在政党报刊充斥的"黑色新闻"时期，在"黄色新闻"泛滥之后趋于成熟。新闻专业主义目的根本上是保持新闻媒体中立的地位，从而确保新闻真实，实现客观传播。郭镇之认为，"新闻的专业主义是美国政党报纸解体之后在新闻同行中发展起来的'公共服务'的一种信念，它最突出的特点，是相信可以从非党派、非团体的立场客观地报道新闻事实。新闻专业主义的目标是服务于全体人民，而不是某一利益团体"。② 潘忠党和陆晔认为新闻专业主义内容包括：（1）传媒是社会的公器，新闻工作必须服务于公众利益，而不是仅仅服务于任何政治或经济利益集团；（2）新闻从业者是社会的观察者、事实

---

① 参见井洋、王敏学、马述、武欣中《哈尔滨政府"制造"报业独家垄断引燃恶性竞争》，《生活报》2005 年 4 月 7 日。

② 郭镇之：《舆论监督与西方新闻工作者的专业主义》，《国际新闻界》1999 年第 5 期。

的报道者，而不是某一利益集团的宣传员；（3）他们是信息流通的"把关人"，采纳的基准是以中产阶级为主体的主流社会的价值观念，而不是政治、经济利益冲突的参与者或鼓动者；（4）他们以实证科学的理性标准评判事实的真伪，服从于事实这一最高权威，而不是臣服于任何政治权力或经济势力；（5）他们受制于建立在上述原则之上的专业规范，接受专业社区的自律，而不接受在此之外的任何权力或权威的控制。①

新闻专业主义提倡的在政治权威以及经济利益之间保持新闻传媒的独立，体现了报业作为一种行业的特殊性。我国报业制度变迁之初，就强调社会效益的重要性，认为报业发展必须以社会效益和经济效益两个标准来衡量。由于我国新闻体制的特殊性，报业的运营没有过多地受到商业主义倾向的影响，反而是政治权力对于报业的运作起着决定作用。通过报社的国有性，限制非国有资本的进入，确保党和政府对报纸内容、舆论引导的控制力。经营性报纸脱离权力机关之后，是否能够保持中立的态度，令人担忧。报纸的商业化会不会使报纸成为利益团体的代言人，也令人担忧。从现阶段看，尽管实例不多，但也可看出一点苗头。2006年1月16日，《京华时报》撰文称，"目前北京东直门交通枢纽项目并没有深发展的贷款，这15亿元资金已经陷入了一起恶性骗贷案件"；"深发展完全是恶意诉讼"。两天之后，针对这一报道，深发展再度发布公告，称相关报道失实，且指《京华时报》是"被告人的关联人"——被告人是它的主要投资者之一。② 在偏向政府权力的政治导向与偏向经济利益的经济导向之间，新闻能否坚持公正、客观、真实，新闻工作者能否保持职业操守是经营性报纸需要解决的问题。

公众舆论对新闻专业主义的实践既是压力也是强援。新闻专业属性是社会对于新闻业的要求，新闻专业主义的原则可以被认为是报纸存在的基础。公众通过舆论表现对新闻业偏离专业主义行为的不满，报业的实际操作会在专业主义准则的要求下波动。中外新闻业的发展基本都遵循这个规律。公众舆论对报纸的评价伴随着消费权的转移，对于报纸的经济效益至关重要；公众舆论的负面效果会造成报纸公信力下降，使长期收益预期出

---

① 陆晔、潘忠党：《成名的想象——中国社会转型过程中新闻从业者的专业主义》，《新闻学研究》2002年总第71期。

② 参见何华峰、毕爱芳《深发展15亿离奇贷款离奇去向揭示地产世界潜规则》，《财经》2006年1月。

现不确定性；公众舆论使投资者对短期效益追求的成本提高。因此，对于编辑部而言，受众利益的关注是坚持中立，拒绝利益集团要求的一个重大砝码。

（三）受众参与博弈下的资本理性

资本的逐利性不需要掩饰，传媒的营利特征对于资本具有黏附力，从21世纪初始，资本开始在传媒外围盘桓，伺机进入。喻国明教授认为，传媒产业可能是中国最后一个暴利行业。传媒进入资本，成功者有之，铩羽而归亦屡见不鲜，诚成文化帝国的破灭就是典型代表。资本的浮躁态度是资本传媒联姻失败的主要因素。资本的逐利本性遮蔽了传媒发展规律。对于资本而言，快速回收投资、实现赢利是进入传媒业的根本目的，"投资方希望能尽快收回投资甚至找到二传手嫁接投资风险"。① 在报业市场逐渐成熟后资本快速实现赢利变得更加困难，资本开始借助资本市场，通过资本的交易置换来实现增值。

受众的数量和质量与资本增值息息相关。资本的非理性、追求短期效益使稳定的报业运营环境难以形成，相对稳定的受众群难以为继。投资理性与媒介诚信的结合是实现经济收益的根本保障。发展、维护、满足报纸受众的规律决定进入传媒业的资本必须具有充分的理性。短期收益、高回报的要求不能长期获得受众的消费偏好。与其他产品有所不同，受众的消费偏好或者说消费习惯，具有累积和更换成本低的特点。报业的零售市场是报业经济效益的"晴雨表"。2004年，北京大众化报纸总体上的零售率已经超过了订阅率。对于受众而言，每天购买什么报纸几乎可以被认为是习惯使然，很少经过详细比较当日报纸之后才做出购买决定，购买习惯是长期阅读习惯的累积效果，但购买习惯的转换对于受众而言，几乎没有任何成本，在零售市场上，受众可以随意购买任何报纸。受众的消费特征对于资本而言是无形的压力。在成熟的报业市场中，希望获取长期、稳定收益，并尊重报业既有规律的资本才能通过长期营造受众与报纸之间的互信来实现赢利；希望获取快速、暴利的资本将产生受众资源的破坏性"开采"，如报纸的庸俗化、色情化，资本的收益将会呈现巨幅的起落，不仅对于资本的保值增值无益，对于整个报业市场而言也有强大破坏性。毕竟，从整个传媒业的角度来看，任何单一媒介都并非不可替代。

---

① 喻乐、朱学东：《传媒业：呼唤与资本共赢》，《中华工商时报》2004年4月19日。

第三节　受众参与途径：非营利组织

受众不可能直接参与到报业制度博弈中去，由受众中的精英群体构成的非营利组织、报业协会才是选择制度的博弈主体。现实生活中由大众组成的组织实体，可以分为政府组织、营利组织和非营利组织（Non‐Profit Organization，NPO）三大类，它们分别对应国家、市场和社会，处于政治领域、经济领域和社会领域的主要组织形式。[1] 非营利组织的活动目的是"为特定的社会人群提供某种服务，但并不追求赢利（如果有赢利的话）的最大化，其投资者也不能通过赢利分红的方式获取投资回报"。[2] 简单地说，非营利组织是可以赢利但不可牟利的组织。

一　报社成为非营利组织

从政府对于公益性报纸的定位来看，它与非营利性组织的定位基本类似。按照试点的思路，公益性的党报党刊、时政类报刊等单位按新的事业体制深化劳动分配人事制度改革，使它们进一步增强活力、改善服务、增强公共服务的能力。事业单位的基本职能，就是代政府向社会提供公共服务。这与非营利组织具有公共服务的使命相一致。在联合国国际标准产业分类体系（the UN International Standard Industrial Classification System）中将非营利组织分为三类，将新闻机构划入第三类"其他社区社会与个人服务"。陈力丹也曾对非营利报社作过设想："报业集团的主报应该是'非营利组织'，税赋减让；子报可以是非营利组织，也可以是营利组织（区分标准不是有否盈余，而是是否分红）。"[3] 陈力丹的设想具有启发意义，报业集团或者说党报本身应该变成非营利组织，这与公益性事业单位的定位相一致；而子报中有些可以变为非营利组织，有些则变为营利企业。这种格局对于整个报业结构的和谐是有益的。

---

① 李恒光：《市场与政治之中介：聚焦当代社会组织》，江西人民出版社 2004 年版，第 1 页。

② 顾昕：《能促型国家的角色：事业单位的改革与非营利部门的转型》，《河北学刊》2005 年第 1 期。

③ 陈力丹：《报业集团和报纸改革的 17 个问题》，2007 年 3 月 30 日，媒体安都，www. mediaundo. com。

　　党报以及报业集团现在履行"剥离转制"思路已经远离了"公益性"的改制命题。经营性的资产被剥离后，进入市场，可以吸收各种社会资本，那么由事业体制"编辑部"产出的新闻产品所形成的利润，最后在经营性部门被再分配。这与公共事业单位原则上不实行经济核算，不以营利为目标的要求相去甚远。非营利应该是党报未来的改革方向。在发达国家非营利的传媒多是电视、广播，如美国的 PBS。① 但商业主义下的报业发展问题必须引起我们高度注意，建立非营利报社对于提供更好的社会服务、优化报业结构、构建和谐的传播环境都有益处。

　　报社成为非营利组织，首先承认受众的至高地位。受众的需求、公众利益是进行新闻传播的唯一目标。非营利报社尽管重视报业的经营，同时也可能获取利润，但其获取的利润不能用来分配，而是重新投入到服务提供中去。这样的循环无疑是良性的：不计采编成本会生产出优质的新闻，高质量的新闻必然吸引大量的受众，受众资源又可以转换为利润。

　　非营利报纸的存在对于整个报业结构是一种优化。未来商业性报纸可能成为报业的主体，而商业化报纸本身具有逐利性，会导致新闻商业化，使媒体成为利益团体的代言人。非营利报纸的焦点置于新闻服务上，本身所形成的新闻工作准则对于整个行业是无形的压力。非营利报纸和受众合力能够将新闻行业标准维持在一个相对较高的水准。对于整个社会来说，这样的局面的出现，不仅能够提高原有"党报模式"的低效率，而且能够避免商业化及新闻伦理的丧失带给新闻行业的冲击。

　　二　报业协会参与制度博弈

　　2003 年，党的十六届三中全会指出："完善社会主义市场经济体系，要完善和积极发展基层群众性自治组织、商会、行业协会、中介组织和其他民间组织，以发挥它们在结构转型和市场经济中的作用。"行业协会是指某一行业或某一专业内的生产经营者自愿组织起来的非营利性、自律性社团组织，主要对本组织内的成员进行利益平衡和协调、沟通信息、维护良性秩序，进行自律管理等。② 我国行业协会长期以来不同程度上成为政府行政职能的延伸，成为非官非民的"二政府"，对于会员单位所提供的

---

　　① PBS（Public Broadcasting Service）乃一民间非营利的媒体企业，由全国 348 个公共电视台所有与运作，旨在运用非商业电视、互联网、其他媒体所提供的高质量节目与教育服务，去丰富人民生活，并达到媒体告知（inform）、启发（inspire）与愉悦（delight）的社会责任。

　　② 张志勋、刘运根：《论我国行业协会的地位和作用》，《企业经济》2004 年第 3 期。

服务有限。行业协会绝大多数都不同程度地存在营利性活动，普遍存在公信力不高的情况。报业协会的情况基本如此，在制度选择中，报业协会参与不多，有限的参与也是配合政府在新闻自律方面倡导。

行业协会首先应履行沟通者的角色，是实现"行业与政府进行低成本的沟通，成为构筑解决政府与民间矛盾的'防火墙'"。① 在经营性报纸成为报业市场的重要组成部分后，报业协会必须作相应的"民间化"调整。报业协会将成为在报业与政府、公众之间沟通的重要渠道。第一，报业协会与政府进行积极的沟通，防止政府对报纸行业的不正当干预，保持报社的独立性，如果政府以规章的形式对报社干涉，报业协会要以专业、合法的身份与政府进行沟通与谈判；第二，报业协会必须履行行业内部与公众需求的沟通，此时的沟通更多地体现在报业协会与社会其他非营利组织的沟通之上，对于报业由于商业化所产生的社会负效应予以纠正，必须通过沟通来实现公众理解、接纳新闻业的固有规律；第三，行业协会必须通过自身与报业周边行业的沟通，实现报业发展的良好环境，造纸行业、物流行业、通信行业等相关行业对于报业的发展至关重要，如果每个报社都与相关行业进行谈判，无疑成本巨大，形成行业间的共识，对于协会中的会员都有好处。

报协其次要履行监督者的角色。监督者是行业协会所应扮演的基本角色，履行监督权就报业经营而言主要表现在三个方面：其一，在行业内部，行业协会必须监督会员相关的经营活动，促使新闻媒体履行其应该履行的社会责任，对于报纸过度商业化中有违新闻道德的行为予以纠正。其二，在报纸与其他利益团体的关系上，报业协会也必须予以监督。报纸在商业化进程中必须保证报纸的公正性，不能成为利益团体的宣传工具，报业协会通过行业内的监督，确保实现新闻专业主义。其三，在行业竞争中，行业协会的协调、监督功能也十分重要，如避免"价格战"等恶性竞争的发生。报业协会的监督能够维持"一个相对较为稳定的'以多种协作形式形成生产要素的合理配置，乃至比较稳定的联合协作关系'"。②

三　其他非营利组织参与制度博弈

社会协调和社会治理功能，最能体现非营利组织所具有的社会性或公

---

① 刘凤军：《试论企业、政府与行业组织的协同发展》，《经济研究参考》2006 年第 16 期。

② 赵明：《中介组织如何参与报业管理》，《新闻知识》2002 年第 11 期。

民主体性，这是它区别于政府和企业的本质特征之一。非营利组织是表达民意、传达民情、实现民权、维护民生的最为直接的一种制度安排。[①] 与"公众舆论"的无组织状态相比，非营利组织所代表的舆情更具影响力，这是其所具有的社会动员与社会参与能力决定的。

新闻业必然会游离于政治与商业之间，新闻专业主义在平衡二者关系的基础上实现。非营利组织代表社会舆论维持新闻专业主义，这是因为"公民的意愿、公民的参与、公民的利益以及公民中所蕴含的深厚创造力等，也只有通过根植于民间社会的第三部门才有可能真正表达和发表出来"。[②] 其实现途径主要有三个：（1）非营利组织中的社会团体、公益组织能够向政府施压，要求对报社不规范的、影响公民权力的行为予以规制，如新闻的行业垄断问题、新闻内容的总构成比例问题等；（2）通过行业间的谈判与沟通对报业不规范的行为予以制止，促成行业规范；（3）联合其他团体，对于报业经营中的商业化倾向或者不利于公共利益的部分予以声讨与抵制，利用实在、集中的社会舆论促使报业规范化、健康化发展。

报社成为非营利组织，以及包括报业协会在内的非营利组织参与到报业制度的博弈中，需要一个重要的前提条件，就是非营利组织的合法性。非营利组织的重要特征是"非政府"化以及"非营利"化，缺失其中任一条件，非营利组织的协调、监督、配置的功能都难以实现。完成非营利组织的发展与壮大是保障报业制度均衡发展的必然趋势。

需要说明的是，四方博弈只是一个理想模式，受众参与必定受到知识、技能的限制，不可能像我们预期中的顺畅和强大，但至少它的出现会使报业制度的出台和实施过程最大限度地接近制度公平原则。

本章小结

在以往的报业制度选择中，受众仅作为政府与报社的博弈筹码出现，受众的真正利益并没有得到维护。受众的参与能够制衡其他博弈主体，促

---

① 王名：《非营利组织的社会功能及其分类》，《学术月刊》2006 年第 9 期。
② 张莉、风笑天：《转型时期我国第三部门的兴起及社会功能》，《社会科学》2000 年第 9 期。

使政府走向依法行政、报社秉持专业主义、资本实现有限理性，进而促使报业结构向有序、健康方向发展。受众参与能够使公益性报纸提高服务水平，并通过非营利组织与政府、经营性报纸进行沟通、谈判、施压确保公众利益在大众传播中不被侵害。

结　语

2008 年以来，报业改革的焦点为"转企改制"，大思路是"经营性文化事业单位转制为企业"。较之经营性资产的剥离，包括都市报在内的"非时政类报刊"整体转企毫无疑问具备创新性。但核心在于，报业内容产品的唯一性以及在产业（资本）、宣传导向之间的纠结仍旧没有清晰界定。报业国有资产的增值和党管宣传、导向如何同时实现，"主管主办制度"和"出资人制度"如何有机结合，这些都尚需要时日才能判论。可以预见的是，在报业整体呈现下滑以及新媒体崛起的今天，留给报业管理者的时间不多。

2013 年，党的十八届三中全会通过的《中共中央关于全面深化改革若干重大问题的决定》把"推进文化体制机制创新"作为一项重要任务，而"坚持以人民为中心的工作导向"是深化文化体制改革的根本原则。人民的需求和期待应该成为报业改革的重要驱动力和支点，在政府（管理）与产业（经营）之外应该予以充分的考虑。新媒体环境已经渗透融入进现代社会之中，这种趋势无法逆转还会加剧，身处其中的受众主动性尽显，受众进而对传统媒体的传播方式与样态提出更多的需求，这是情理之中，也是社会发展的趋势。博弈论中的精要表述为"行为者之间策略相互依存和相互作用"，从这个角度而言，宣传导向与报业经营面对首先不是管理媒介，而是受众传统媒体的接触使用率下降。"受众—内容"之间的关系才是主导、决定整个报业走势的关键。客观而言，"人民为中心"与"产业"和"导向"之间在理论层次并未有冲突，满足人民需求、维护人民利益本身就是导向，实现了自然资本增值，但在传播的末梢，局部各利益方之间的和谐与调和是普遍性的社会问题，博弈正是实现平衡与和谐的必由之路。

改革开放以来，媒介经营管理逐渐成为"显学"，学界和业界从各种角度、层面，进行学理或实务的探索。有关传媒融资、战略、营销、策划等问题的文献连篇累牍，足可形成"媒介经营管理的帝国主义"，但研究数量和质量的落差令人侧目。绝大部分研究都难以产生"知识增量"，隔靴搔痒式的直接论断有之，借用成熟研究框架框定媒介现实有之，附和权威人云亦云亦有之。媒介经营管理的研究并不排斥其他学科的引入，但所有的研究必须基于现实问题而发。对于现有研究的反思使笔者鼓足勇气在选题上做了大胆的尝试，我们必须站在一个理论高度来体察媒介经营管理的现实，这样能使我们针对但不拘泥于报业制度现状，去考量报业体制改革的核心问题。

市场经济下，社会中的任何组织、个人都是有利益取向的个体，这其中就包括了政府、报社、受众、资本。作为特殊的产业，媒介产业的发展不仅不能脱离上述四者的参与，而且还必须对四者利益予以保障。而眼下所面临的难题是，在报纸产业中，政府、报社、受众、资本的利益是什么？它们各自的边界又是什么？怎么将它们的利益具体化？在某方利益受损时，如何进行申诉与保护？这些问题长期以来都没有具体答案。市场经济对于社会的重要影响就是利益多元化，界定各自利益边界是传媒产业进一步发展的必然选择。没有任何理由，固守某种"不变"，使报业制度长期处于不均衡状态，这只会在更大程度上影响传媒产业规模以及传媒服务水平的提升。

既往报业制度变迁路径已经走到终点。无论是"摸着石头过河"、"边缘突破"还是"增量改革"，都在当下报纸产业化进程中失去适用性。毋庸讳言，现在进行的报业制度选择的核心就是"产权"，对于报业而言，报纸内容及影响和产权的关系自始至终是无法回避的问题，但客观而言，至今二者的表述仍旧是分离的。就国情而言，在纯粹的经济、产业领域不可能对这个问题进行讨论、求解，必须在社会政治框架内取得论证基础。无论未来报纸产业走向如何，都必须在一个前提之下：受众在报业中的利益必须具体化，必须得到实在的维护与保障。

参考文献

［1］［冰岛］思拉恩·埃格特森：《经济行为与制度》，吴经邦等译，商务印书馆 2004 年第 2 版。

［2］［德］柯武刚、史漫飞：《制度经济学——社会秩序与公共政策》，韩朝华译，商务出版社 2000 年版。

［3］［法］克里斯汀·蒙特、丹尼尔·塞拉：《博弈论与经济学》，张琦译，经济管理出版社 2004 年版。

［4］［美］D. W. 布罗姆利：《经济利益与经济制度》，陈郁等译，上海三联书店 2006 年版。

［5］［美］H. 培顿·扬：《个人策略与社会结构：制度的演化理论》，王勇译，上海人民出版社 2004 年版。

［6］［美］R. 科斯、A. 阿尔钦：《财产权利与制度变迁：产权学派与新制度学派译文集》，刘守英译，上海三联书店 1994 年版。

［7］［美］V. 奥斯特罗姆、D. 菲尼、H. 皮希特：《制度分析与发展的反思——问题与抉择》，王诚等译，商务出版社 1992 年版。

［8］［美］埃莉诺·奥斯特罗姆：《公共事物的治理之道》，余逊达、陈旭东译，上海三联书店 2000 年版。

［9］［美］艾里克·拉斯缪森：《博弈与信息：博弈论概论》，王晖等译，北京大学出版社 2005 年第 2 版。

［10］［美］安德鲁·肖特：《社会制度的经济理论》，陆铭、陈钊译，上海财大出版社 2003 年版。

［11］［美］保罗·魏里希：《均衡与理性：决策规则修订的博弈理论》，黄涛译，经济科学出版社 2000 年版。

［12］［美］戴维·M. 克雷普斯：《博弈论与经济模型》，邓方译，商务印书馆 2006 年版。

［13］［美］丹尼斯·麦奎尔：《麦奎尔大众传播理论》，崔保国、李琨

译，清华大学出版社 2006 年第 4 版。

[14] ［美］道格拉斯·C. 诺斯：《经济史中的结构与变迁》，陈郁译，上海三联书店 1991 年版。

[15] ［美］道格拉斯·C. 诺斯：《制度、制度变迁与经济绩效》，刘守英译，上海三联书店 1994 年版。

[16] ［美］凡勃伦：《有闲阶级论——关于制度的经济研究》，蔡受百译，商务出版社 1964 年版。

[17] ［美］菲利普·M. 南波利：《受众经济学：受众机构与受众市场》，陈积根译，清华大学出版社 2007 年版。

[18] ［美］冯·诺伊曼、摩根斯坦恩：《博弈论与经济行为》，王文玉、王宇译，上海三联书店 2004 年版。

[19] ［美］格林、沙皮罗：《理性选择理论的病变：政治学应用批判》，徐湘林、袁瑞军译，广西师范大学出版社 2004 年版。

[20] ［美］赫伯特·西蒙：《现代决策理论的基石》，北京经济学院出版社 1989 年版。

[21] ［美］杰弗里·亚历山大、邓正来主编：《国际与市民社会——一种社会理论的研究路径》，世纪出版集团、上海人民出版社 2006 年版。

[22] ［美］康芒斯：《制度经济学》（上、下册），于树生译，商务印书馆 1965 年版。

[23] ［美］科斯、诺斯、威廉姆斯：《制度、契约与组织——从新制度经济学角度的透视》，经济科学出版社 2003 年版。

[24] ［美］罗伯特·吉本斯：《博弈论基础》，高峰译，中国社会科学出版社 1999 年版。

[25] ［美］罗杰·A. 麦凯恩：《博弈论——战略分析入门》，原毅军等译，机械工业出版社 2006 年版。

[26] ［美］罗杰·B. 迈尔森：《博弈论：矛盾冲突分析》，于寅、费剑平译，中国经济出版社 2001 年版。

[27] ［美］迈克尔·波特：《竞争优势》，陈小悦译，华夏出版社 1997 年版。

[28] ［美］曼瑟尔·奥尔森：《集体行动的逻辑》，陈郁、郭宇峰、李崇新译，上海三联书店 1995 年版。

［29］［美］乔·史蒂文斯：《集体选择经济学》，杨晓维等译，上海三联书店 1999 年版。

［30］［美］乔治·J. 施蒂格勒：《产业组织和政府管制》，潘振民译，上海三联书店 1989 年版。

［31］［美］塞缪尔·亨廷顿：《变革社会中的政治秩序》，李盛平译，北京三联书店 1988 年版。

［32］［美］亚当·斯密：《国民财富的性质和原因的研究》上卷，郭大力、王亚南译，商务印书馆 1979 年版。

［33］［美］约翰·菲斯克等编撰：《关键概念：传播与文化研究辞典》，李彬译，新华出版社 2004 年第 2 版。

［34］［美］约瑟夫·阿罗：《社会选择：个性与多准则》，钱晓敏等译，首都经济贸易大学出版社 2000 年版。

［35］［美］詹姆斯·M. 布坎南：《自由、市场与国家》，平新乔、莫扶民译，上海三联书店 1989 年版。

［36］［日］繁人都重：《制度经济学的回顾和反思》，张敬惠等译，西南财经大学出版社 2004 年版。

［37］［日］青木昌彦：《比较制度分析》，周黎安译，上海远东出版社 2001 年版。

［38］［日］植草益：《微观规制经济学》，朱绍文等译，中国发展出版社 1992 年版。

［39］［瑞典］汤姆·R. 伯恩斯：《结构主义的视野：经济与社会的变迁》，周长城等译，社会科学文献出版社 2004 年版。

［40］［匈］亚诺什·科内尔：《突进与和谐的增长》，张晓光等译，经济科学出版社 1988 年版。

［41］［英］罗杰·迪金斯等：《受众研究读本》，单波译，华夏出版社 2006 年版。

［42］［英］马尔科姆·卢瑟福：《经济学中的制度：老制度主义与新制度主义》，陈建波等译，中国社会科学出版社 1999 年版。

［43］安徽省地方志编纂委员会编：《安徽省志》，方志出版社 1998 年版。

［44］蔡雯：《对新闻策划的再思考》，《新闻战线》1997 年第 9 期。

［45］蔡玉峰：《政府和企业的博弈分析》，中国经济出版社 2000 年版。

［46］曹鹏：《中国报业集团发展研究》，新华出版社 1999 年版。

[47] 曹鹏：《中国媒介前沿：来自市场的观察报告》，新华出版社 2003
年版。

[48] 曹正汉：《观念如何塑造制度》，上海人民出版社 2005 年版。

[49] 曹子坚：《重新审视"渐进式改革"》，《中国改革》2005 年第 8 期。

[50] 常永新：《我国传媒业政府管制改革的探索性研究》，《中国东西部
传媒经济发展研讨会论文》2003 年 9 月。

[51] 巢立明：《中国广播电视产业核心竞争力研究》，电了版，博士学位
论文，复旦大学图书馆，2005 年，电子版。

[52] 陈崇山：《传播网中谁主沉浮？——试论受众本位》，《第三次全国
传播学研讨会论文》1993 年 5 月。

[53] 陈富良：《我国经济转轨时期的政府规制》，中国财政经济出版社
2000 年版。

[54] 陈戈、储小平：《当代中国报业制度变迁的一个理论假说》，《经济
社会体制比较》2006 年第 2 期。

[55] 陈桂兰、张骏德、赵民：《试论我国广播电视业的法制化管理》，
《新闻大学》1998 年夏季号。

[56] 陈怀林：《论中国报业市场化的非均衡发展》，《新闻与传播研究》
1996 年第 2 期。

[57] 陈怀林：《试析中国媒体制度的渐进改革》，《新闻学研究》2000 年
第 62 期。

[58] 陈君聪：《中国报业集团法人治理结构初探》，《中国报业》2004 年
第 5 期。

[59] 陈力丹：《关于媒体资本的几个问题》，中国新闻传播评论网站，
"力丹作学问"专栏。

[60] 陈力丹：《关于新闻商品性的思考》，《理论争鸣》1994 年第 3 期。

[61] 陈韬文、朱立、潘忠党：传播与市场经济，新亚洲出版社 1997
年版。

[62] 陈天祥：《中国地方政府制度创新的特点》，《广东行政学院学报》
2003 年第 2 期。

[63] 陈晓明：《从"周末版潮"到"大扩版热"——当今中国报业发展
趋势的立体观照》，《湖北函大学刊》1994 年第 1 期。

[64] 陈雪梅：《发展经济学演变过程中的发展思路及其政策取向》，《暨

南学报》2000 年第 6 期。

[65] 陈银娥:《西方福利经济理论的发展演变》,《华中师范大学学报》
（人文社会科学版) 2000 年第 4 期。

[66] 陈志武:《市场经济的制度机制:新闻媒体》,《在北京大学光华管
理学院组织的讲座上所用的讲稿》2002 年 11 月 13 日。

[67] 初广志:《加入 WTO 对中国新闻传播业的影响及对策》,陕西人民
教育出版社 2001 年版。

[68] 崔保国:《2004—2005 年中国传媒产业发展报告》,社会科学文献
出版社 2005 年版。

[69] 戴邦:《新闻不是商品　记者不是商人》,《新闻与写作》1993 年第
8 期。

[70] 戴廉、赵磊、白瀛:《文化领域政策陆续出台促进文化产业健康发
展》,《瞭望新闻周刊》2005 年第 8 期。

[71] 邓正来:《市民社会与国家知识治理制度的重构——民间传播机制
的生长与作用》,《开放时代》2000 年第 3 期。

[72] 东方源:《南方都市报经营实录》,中国财政经济出版社 2002 年版。

[73] 董辅礽:《非公经济要抓住入世良机》,《领导决策信息》2001 年第
42 期。

[74] 董天策等:《中国报业的产业化运作》,四川人民出版社 2002 年版。

[75] 樊亚平:《试论确立受众中心的两个层面》,《兰州大学学报》（社
会科学版) 1997 年第 4 期。

[76] 范恒山:《事业单位改革:国际经验与中国探索》,中国财政出版社
2004 年版。

[77] 范以锦:《南方报业战略》,南方日报出版社 2006 年版。

[78] 方汉奇、张之华:《中国新闻事业简史》,中国人民大学出版社
1995 年版。

[79] 方汉奇:《中国新闻通史》,中国人民大学出版社 1999 年版。

[80] 方军:《我国事业单位改革的基本构想》,《当代经济》2004 年第
7 期。

[81] 高和荣:《现代西方经济社会学理论述评》,社会科学文献出版社
2006 年版。

[82] 高萍:《50 年来中国政府经济职能的变化与启示》,《中国经济史研

究》2002 年第 4 期。

［83］郭镇之：《舆论监督与西方新闻工作者的专业主义》，《国际新闻界》1999 年第 5 期。

［84］国彦兵：《新制度经济学》，立信会计出版社 2006 年版。

［85］何清涟：《当前中国社会结构演变的总体性分析》，《当代中国研究》2000 年第 3 期。

［86］何舟、陈怀林：《中国传媒新论》，太平洋世纪出版有限公司 1998 年版。

［87］河北省地方志编纂委员会编：《河北省志·新闻志》，中华书局 1995 年版。

［88］胡鞍钢、张晓群：《中国：一个迅速崛起的传媒大国——传媒实力实证分析与国际比较》，《战略与管理》2004 年第 3 期。

［89］胡正荣：《媒介寻租、产业整合与媒介资本化过程》，《世界经理人》2004 年第 8 期。

［90］湖北日报新闻研究室：《湖北日报史料》第一、二辑，内部资料，1984 年。

［91］湖南地方志编纂委员会：《湖南省志第二十卷新闻出版志·报业》，湖南出版社 1993 年版。

［92］黄旦：《"耳目"与"喉舌"的历史性转换：中国百年新闻思潮主潮论》，博士学位论文，复旦大学，1998 年。

［93］黄德发：《政府治理范式的制度选择》，广东人民出版社 2005 年版。

［94］黄恒学：《中国事业管理体制改革研究》，清华大学出版社 1998 年版。

［95］黄蓉：《科学发展观视野中的受众资源经营》，《电视研究》2006 年第 6 期。

［96］黄升民、丁俊杰：《国际背景下中国媒介产业化透视》，企业管理出版社 1999 年版。

［97］黄升民、丁俊杰：《媒体经营与产业化研究》，北京广播学院出版社 1997 年版。

［98］黄升民：《中国广告活动实证分析》，北京广播学院出版社 1992 年版。

［99］黄升民等：《中国传媒市场大变局》，中信出版社 2003 年版。

[100] 黄卫平:《纸业反倾销初胜后的思考》,《中国流通经济》1999 年第 1 期。

[101] 黄永东、吉武、亚敏:《WTO 与政府创新》,中国社会科学出版社 2004 年版。

[102] 黄玉波、戴文君:《我国传媒制度变迁中的"潜规则"现象》,《传媒》2005 年第 10 期。

[103] 黄玉波:《中国传媒产业政府规制改革研究》,博士学位论文,武汉大学,2006 年。

[104] 贾品荣:《入世:中国报业战略新趋势》,新华出版社 2002 年版。

[105] 江洪、李维岳:《社会转型与中国青年组织的分化、整合》,《青年研究》1994 年第 5 期。

[106] 江小娟:《经济转轨时期的产业政策》,上海三联书店 1996 年版。

[107] 江小娟:《我国产业政策推行中的公共选择问题》,《经济研究》1993 年第 6 期。

[108] 姜洪:《利益主体·宏观调控·制度创新》,经济科学出版社 1998 年版。

[109] 蒋茂凝:《制度创新与我国电视产业体制的演变历程》,《湖南大学学报》(社会科学版)2005 年第 4 期。

[110] 金碚:《报业经济学》,经济管理出版社 2002 年版。

[111] 金碚:《产业组织经济学》,经济管理出版社 1999 年版。

[112] 金碚:《实行与社会主义市场经济相适应的报业产业组织政策》,《中国报业》2000 年第 1 期。

[113] 金冠军、冯光华:《中国传媒产业的政策解读与未来转型》,《视听界》2005 年第 5 期。

[114] 孔祥振:《事业单位创新研究》,博士学位论文,中共中央党校,2006 年。

[115] 朗劲松:《中国新闻政策体系研究》,新华出版社 2003 年版。

[116] 李风圣:《中国制度变迁博弈分析(1965—1989)》,博士学位论文,中国社会科学院,2000 年。

[117] 李恒光:《市场与政治之中介:聚焦当代社会组织》,江西人民出版社 2004 年版。

[118] 李建德:《经济制度演进大纲》,中国财政经济出版社 2000 年版。

[119] 李金铨:《超越西方霸权——传媒与文化中国的现代性》,牛津大学出版社 2004 年版。

[120] 李军林:《权利、均衡与制度变迁》,《南开经济研究》1998 年第 2 期。

[121] 李良荣:《论中国新闻媒体的双轨制:再论中国新闻媒体的双重性》,《现代传播》2003 年第 4 期。

[122] 李良荣:《新闻学概论》,复旦大学出版社 2001 年版。

[123] 李岭涛:《实战中国电视》,工商出版社 2003 年版。

[124] 李茹兰:《智力资本的投资与价值实现》,《东北财经大学学报》2000 年第 1 期。

[125] 李艳萍、曲建英、刘桂华:《论国家与社会互动关系中的社会组织》,《山东省农业管理干部学院学报》2004 年第 5 期。

[126] 李兆丰:《新闻改革:超越边缘突破——中国传媒集团化进程的制度分析》《南方电视学刊》2003 年第 2 期。

[127] 厉无畏、王振:《中国产业发展前沿问题》,上海人民出版社 2003 年版。

[128] 梁衡:《建设有中国特色的报纸管理体制》,《中国记者》1991 年第 11 期。

[129] 梁衡:《新闻原理的思考》,人民出版社 1996 年版。

[130] 梁衡:《治理有成效　任务仍艰巨——报刊治理整顿情况通报》,《报刊管理》1999 年第 1 期。

[131] 梁衡:《中国报业五十年》,《报刊管理》1999 年第 4 期。

[132] 林晖:《当代中国新闻媒介的整合与改革》,博士学位论文,复旦大学,2003 年。

[133] 林毅夫:《关于制度变迁的经济学理论:诱致性变迁与强制性变迁 财产权利与制度变迁》,上海三联书店 1994 年版。

[134] 林毅夫:《制度变迁的经济学分析:诱制性与强制性变迁》,《现代制度经济学》(上、下卷),北京大学出版社 2003 年版。

[135] 刘保全:《浅谈新闻商品化及其危害》,《新闻爱好者》1993 年第 10 期。

[136] 刘波:《报刊业发展中几个问题的思考》,《传媒》2002 年第 3 期。

[137] 刘丹、傅治平:《政府行为论——市场经济条件下政府功能研究》,

湖南人民出版社 1998 年版。

[138] 刘海贵、钟瑛等:《中国报业发展战略》,上海人民出版社 2006 年版。

[139] 刘洁、金秋:《论我国报业市场化进程中政府行为的双重属性》,《新闻与传播研究》2001 年第 2 期。

[140] 刘洁:《中国媒介产业化进程中政府行为研究》,博士学位论文,华中科技大学,2006 年。

[141] 刘林清、陈季修:《广告管理》,中国财政经济出版社 1989 年版。

[142] 刘义圣:《中国资本市场的多功能定位与发展方略》,社会科学文献出版社 2006 年版。

[143] 刘梓良:《一项具有重要意义的研究成果——写在〈全国省级党报现状与改革途径新探索〉问世之际》,《新闻记者》2001 年第 11 期。

[144] 柳新元:《利益冲突与制度变迁》,武汉大学出版社 2002 年版。

[145] 卢现祥:《西方新制度经济学》,中国发展出版社 2003 年版。

[146] 鲁鹏:《制度与发展关系研究》,人民出版社 2002 年版。

[147] 陆地:《媒介种族与资本血统》,《南方电视学刊》2002 年第 5 期。

[148] 陆小华:《整合传媒——传媒竞争趋势与对策》,中信出版社 2002 年版。

[149] 陆学艺:《转型中的中国社会》,黑龙江人民出版社 1994 年版。

[150] 陆晔、潘忠党:《成名的想象——中国社会转型过程中新闻从业者的专业主义》,《新闻学研究》2002 年第 71 期。

[151] 吕政:《破解报业发展"瓶颈"》,《青年记者》2005 年第 2 期。

[152] 罗必良:《新制度经济学》,山西经济出版社 2005 年版。

[153] 罗建华:《"跨地区办报"风生水起》,《新闻前哨》2003 年第 8 期。

[154] 马世昌:《全球化背景下的中国媒体经营战略》,《河北学刊》2006 年第 1 期。

[155] 南方日报社史编辑小组:《南方日报社史》,内部资料,1992 年。

[156] 宁启文:《1949—1956 年大陆报业企业化经营概述》,《新闻与传播研究》2001 年第 2 期。

［157］潘忠党：《大陆新闻改革过程中象征资源之替换形态》，《新闻学研究》1997 年第 54 期。

［158］潘忠党：《新闻改革与新闻体制的改造——我国新闻改革实践的传播社会学之探讨》，《新闻与传播研究》1997 年第 3 期。

［159］彭海斌：《公平竞争制度选择》，商务出版社 2006 年版。

［160］彭怀因编译：《社会学的基石：重要概念与解释》，风云论坛出版社 1993 年版。

［161］彭澎：《政府角色论》，中国社会科学出版社 2000 年版。

［162］钱蔚：《政治、市场与电视制度——中国电视制度变迁研究》，博士学位论文，北京大学，2001 年。

［163］钱蔚：《政治、市场与电视制度——中国电视制度变迁研究》，河南人民出版社 2002 年版。

［164］强月新：《我国传媒市场运行机制研究》，博士学位论文，武汉大学，2004 年。

［165］乔均等：《中国广告行业竞争力研究》，西南财经大学出版社 2002 年版。

［166］冉华梅、明丽：《中国传媒集团化发展的历史检讨》，《江西社会科学》2005 年第 5 期。

［167］饶常林：《WTO 推动政府行为法治化》，《行政论坛》2003 年第 6 期。

［168］沈德永、张根大：《中国强制执行制度改革：理论研究与制度改革》，法律出版社 2003 年版。

［169］盛洪：《现代制度经济学》（上、下卷），北京大学出版社 2002 年版。

［170］盛洪：《中国的过渡经济学》，上海三联书店 2006 年版。

［171］石义彬、周劲：《我国传媒治理结构的理论渊源与创新》，《武汉大学学报》2005 年第 3 期。

［172］史忠良：《产业经济学》，经济管理出版社 2003 年版。

［173］四川省地方志编纂委员会：《四川省志·报业志》，四川人民出版社 1996 年版。

［174］宋一夫：《二重结构理论》，中国社会科学出版社 2006 年版。

［175］宋毅、张红：《产业发生学引论》，中国社会科学出版社 1993

年版。

[176] 孙宽平：《转轨、规制与制度选择》，社会科学文献出版社 2004 年版。

[177] 孙立平、李强等：《中国战略与管理研究会社会结构转型课题组：中国社会结构转型的中近期趋势与隐患》，《战略与管理》1998 年第 5 期。

[178] 孙立平、王汉生、王思斌、林彬、杨善华：《改革以来中国社会结构的变迁》，《中国社会科学》1994 第 2 期。

[179] 孙旭培：《解放初期对旧新闻事业的接收和改造》，《新闻研究资料》第 43 辑，中国社会科学出版社 1988 年版。

[180] 孙旭培：《中国新闻改革》，人民出版社 2004 年版。

[181] 孙燕君：《报业中国》，中国三峡出版社 2002 年版。

[182] 谭晓雨：《现行传媒转制上市若干问题》，《传媒》2004 年第 11 期。

[183] 唐士其：《市民社会、现代国家以及中国的国家与社会关系》，《北京大学学报》1996 年第 6 期。

[184] 唐绪军：《报业经济与报业经营》，新华出版社 1999 年版。

[185] 陶鹤山：《市民群体与制度创新：对中国现代化主体的研究》，南京大学出版社 2001 年版。

[186] 陶鲁茄：《党委要把机关报紧紧地掌握在自己的手里》，《新闻战线》1958 年第 7 期。

[187] 陶志峰：《中国报业规制问题研究》，博士学位论文，复旦大学，2004 年。

[188] 童兵：《主体与喉舌：共和国新闻传播轨迹审视》，河南人民出版社 1994 年版。

[189] 童浩麟、秦傅：《新闻改革：实践与实际》，《新闻战线》1998 年第 11 期。

[190] 童清艳：《对当代中国传媒产业困境的思考》，《新闻记者》2004 年第 12 期。

[191] 屠忠俊：《报业经营管理》，新华出版社 1992 年版。

[192] 屠忠俊：《论报社经营管理体制发展趋势》，《新闻大学》1996 年第 2 期。

[193] 屠忠俊：《新闻业管理学导论》，新闻系讲义，华中理工大学，

1990 年。

[194] 屠忠俊:《中国报业集团运行环境刍议》,《新闻与传播研究》1997年第 9 期。

[195] 汪丁丁:《从交易费用到博弈均衡》,《经济研究》1995 年第 9 期。

[196] 汪丁丁:《制度分析基础讲义:社会思想与制度》,上海人民出版社 2005 年版。

[197] 汪丁丁:《制度分析基础讲义:自然与制度》,上海人民出版社版 2005 年版。

[198] 汪洪涛:《制度经济学——制度及制度变迁性质解释》,复旦大学出版社 2003 年版。

[199] 汪立鑫:《经济制度变迁的政治经济学》,复旦大学出版社 2006年版。

[200] 王桂科:《我国媒介业的产业视角分析》,博士学位论文,暨南大学,2005 年。

[201] 王桂科:《中国媒体运行模式的制度分析》,《中国出版》2003 第 1 期。

[202] 王钧:《我国电视媒体产业化与管理创新》,《电视研究》2004 年第 6 期。

[203] 王柯敬、洪亮:《资本不是资本主义特有的经济范畴》,《中央财经大学学报》2000 年第 3 期。

[204] 王名:《非营利组织的社会功能及其分类》,《学术月刊》2006 年第 9 期。

[205] 王廷惠:《微观规制理论研究——基于对正统理论的批判和将市场作为一个过程的理解》,中国社会科学出版社 2005 年版。

[206] 王永钦:《声誉、承诺与组织形式——一个比较制度分析》,上海人民出版社 2005 年版。

[207] 王玉明:《论政府制度创新——从新制度经济学的视角分析》,《国家行政学院学报》2005 年第 5 期。

[208] 王振中:《政治经济学研究报告 1、2、3、4》,社会科学文献出版社 2001—2003 年版。

[209] 韦森:《社会制序的经济学分析导论》,上海三联书店 2001 年版。

[210] 魏杰、赵俊超:《加入 WTO 以后的政府与企业的关系》,《理论前

沿》2002 年第 1 期。

[211] 魏轶群：《中国报业集团十年足迹》，《中国记者》2006 年第 3 期。

[212] 魏永征：《传媒资本呼唤法治》，《新闻记者》2001 年第 6 期。

[213] 魏永征：《中国传媒业利用业外资本合法性研究》，《新闻与传播研究》2001 年第 2 期。

[214] 闻晓：《中国传媒业：新的投资热潮》，《经营管理者》2001 年第 9 期。

[215] 吴高福、唐海江：《路径意识与新闻体制改革的演进论》，《湖南大学学报》2003 年第 1 期。

[216] 吴敬琏：《经济学与中国经济改革》，上海人民出版社 1995 年版。

[217] 吴文虎：《新闻事业经营管理》，高等教育出版社 1999 年版。

[218] 吴信训、金冠军：《中国传媒经济研究：1949—2004》，复旦大学出版社 2005 年版。

[219] 夏凡：《试论大众传播的误导》，《现代传播》1997 年第 3 期。

[220] 夏凡：《受众观念论——从受众立场思考中国新闻改革》，中华传媒网，2006 年 10 月。

[221] 现代广告杂志社编：《中国广告业二十年统计资料汇编》，中国统计出版社 2000 年版。

[222] 向东：《中国媒体产业创新论》，博士学位论文，四川大学，2002 年。

[223] 肖燕雄：《新闻传媒经营管理制度的创新》，《湖南师范人学》（社会科学学报）2002 年第 2 期。

[224] 肖赞军：《媒介消费的排他性与传媒经营制度》，《消费经济》2006 年第 2 期。

[225] 谢光启、魏子力：《主观博弈论视角下的制度变迁——兼谈诚信问题》，《商业研究》2004 年第 14 期。

[226] 谢识予：《经济博弈论》，复旦大学出版社 2002 年版。

[227] 辛鸣：《制度论：关于制度哲学的理论建构》，人民出版社 2005 年版。

[228] 新闻出版署报纸管理司：《报纸管理手册：名录·政策·法规》，中国书籍出版社 1991 年版。

[229] 徐邦友：《中国政府传统行政的逻辑》，中国经济出版社 2005 年版。

[230] 徐航：《中国传媒经济发展价值取向》，《集团经济研究》2004 年

第 8 期。

[231] 薛晓源、陈家刚:《全球化与新制度主义》,社会科学文献出版社 2004 年版。

[232] 闫大卫:《人们为什么会选择对自己不利的制度安排——对张宇燕、盛洪先生的补充和发展》,《经济学家》2005 年第 6 期。

[233] 杨光斌:《中国经济转型中的国家权力》,当代世界出版社 2003 年版。

[234] 杨俊一:《制度哲学导论——制度变迁与社会发展》,上海大学出版社 2005 年版。

[235] 杨瑞龙、杨其静:《阶梯式的渐进制度变迁模型——再论地方政府在我国制度变迁中的作用》,《经济研究》2000 年第 3 期。

[236] 杨瑞龙:《论我国制度变迁方式与制度选择目标的冲突与协调》,《经济研究》1994 年第 5 期。

[237] 杨文增:《1993 年报纸出版工作综述》,《中国出版年鉴:1994 年》,电子版。

[238] 姚海鑫:《经济政策的博弈论分析》,经济管理出版社 2001 年版。

[239] 尹舟:《谈报纸的广告》,《新闻战线》1958 年第 2 期。

[240] 于惠芳、朱志勇:《中国社会的运行与变迁:理论与诠释》,北京大学出版社 2006 年版。

[241] 于铁:《建议改革新闻干部体制》,《新闻战线》1980 年第 11 期。

[242] 余映丽:《模式中国:经济突围与制度变迁的 7 个样板》,新华出版社 2002 年版。

[243] 喻国明:《解析传媒变局——来自中国传媒业第一现场的报告》,南方日报出版社 2002 年版。

[244] 喻国明:《媒体投资"泡沫说"不成立》,《传媒观察》2002 年第 9 期。

[245] 喻国明:《要重视传媒改革的安全问题》,《传媒》2005 年第 4 期。

[246] 喻国明:《中国新闻业透视》,河南人民出版社 1993 年版。

[247] 喻乐、朱学东:《传媒业:呼唤与资本共赢》,《中华工商时报》2004 年 4 月 19 日。

[248] 喻乐、朱学东:《集团化苦旅之上、中、下篇》,《传媒》2003 年第 10 期。

［249］袁方等：《中国社会结构转型》，中国社会出版社 1998 年版。

［250］臧乃康：《统治与治理：国家与社会关系的演进》，《理论探讨》
2003 年第 5 期。

［251］曾峻：《公共秩序的制度安排——国家与社会关系的框架及其运
用》，学林出版社 2005 年版。

［252］曾宪明：《解放初期大陆私营报业消亡过程的历史考察》，《新闻与
传播研究》2002 年第 2 期。

［253］张德信、薄贵利、李军鹏：《中国政府改革的方向》，人民出版社
2003 年版。

［254］张方华：《政府职能梳理与重构》，金太军、赵晖、高红主编，广
东人民出版社 2002 年版。

［255］张辉锋：《传媒经济学》，南方日报出版社 2006 年版。

［256］张杰：《二重结构与制度演进：对中国经济史的一种新的尝试性解
释》，《社会科学战线》1998 年第 6 期。

［257］张静：《跨界运作：中国媒介集团必经之路》，《新疆社会科学》
2005 年第 3 期。

［258］张昆：《大众媒介的政治社会化功能》，武汉大学出版社 2003 年版。

［259］张莉、凤笑天：《转型时期我国第三部门的兴起及社会功能》，《社
会科学》2000 年第 9 期。

［260］张锐：《我国电视业制度变迁中的路径选择研究》，博士学位论文，
中国传媒大学，2004 年。

［261］张曙光：《论制度均衡与制度变革》，《经济研究》1992 年第 6 期。

［262］张曙光：《制度·主体·行为：传统社会主义经济学反思》，中国
财政经济出版社 1999 年版。

［263］张维迎：《博弈论与信息经济学》，上海三联书店 1996 年版。

［264］张宇燕：《经济发展与制度选择》，中国人民大学出版社 1992 年版。

［265］张宇燕：《利益集团与制度非中性》，《改革》1994 年第 2 期。

［266］张裕亮：《变迁中的中国大陆报业制度图像》，晶典文化事业出版
社 2006 年版。

［267］张裕亮：《大陆报业经营制度改革——制度变迁理论的观点》，《中
国大陆研究》2004 年第 45 卷第 6 期。

［268］张允若：《外国新闻事业史》，武汉大学出版社 2000 年版。

［269］张志：《中国广播事业政府规制改革研究》，博士学位论文，中国人民大学，2003 年。

［270］张志安、吴建明：《传媒经营腐败：制度视野下的多层解读》，《传媒观察》2004 年第 4 期。

［271］张志安：《惠州晚报——国内第一家破产的报纸》，《今传媒》2004 年第 6 期。

［272］张志安：《浅析报业经营改革中的四次边缘突破》，《新闻大学》2003 年春季号。

［273］赵丽颖：《走出中国媒介产业发展的三个误区》，《当代传播》2003 年第 2 期。

［274］赵明：《中介组织如何参与报业管理》，《新闻知识》2002 年第 11 期。

［275］赵曙光：《中国著名媒体经典案例剖析》，新华出版社 2002 年版。

［276］赵树东、李明清：《1994 年各省、自治区、直辖市出版概况·河南省》，《中国出版年鉴：1995 年》，电子版。

［277］赵伟、黄上国：《履行加入 WTO 承诺与中国制度变迁——基于非均衡状态的分析与预期》，《浙江大学学报》（人文社会科学版）2003 年第 2 期。

［278］郑保卫：《都市报的启示》，《新闻爱好者》2001 年第 4 期。

［279］郑保卫：《论媒介经济与媒介集团化发展》，中国人民大学出版社 2003 年版。

［280］郑林：《产业经济学》，河南人民出版社 1992 年版。

［281］郑映红：《我国广播电视行业面临的问题及政策制度选择》，《中共福建省委党校学报》2005 年第 7 期。

［282］支英珉：《新传媒帝国：竞争格局下的品牌资本与产业化》，中国水利水电出版社 2005 年版。

［283］中国报刊发行史料编辑组：《中国报刊发行史料》第 1 辑，光明出版社 1987 年版。

［284］中国人民大学新闻学院编：《新闻传播学术报告论文集》，中国人民大学出版社 1997 年版。

［285］中国社会科学院新闻研究所编：《中国共产党新闻工作文件汇编》（上、中、上册），新华出版社 1980 年版。

［286］中国新闻年鉴编委会：《新中国传媒五十年（1949—1999）》，中国

新闻年鉴出版社 2000 年版。

［287］中宣部编：《新闻出版工作政策法规选编》，内部资料，2003 年。

［288］中宣部新闻调查组：《中国报业总量结构效益调查》，新华出版社 1996 年版。

［289］钟沛璋：《当代中国的新闻事业》，当代中国出版社 1997 年版。

［290］周鸿铎、王文杰、陈鹏：《传媒集团运营机制》，经济管理出版社 2005 年版。

［291］周鸿铎：《传媒产业经营实务》，新华出版社 2000 年版。

［292］周鸿铎：《科学把握中国媒介的基本走势》，《今传媒》2006 年第 3 期。

［293］周劲：《传媒治理结构：制度分析与实证研究》，《现代传播》2005 年第 4 期。

［294］周劲：《转型期中国传媒经济的三角分析框架：以传媒治理结构为例》，《新闻大学》2006 年夏季号。

［295］周劲：《转型期中国传媒制度变迁的经济学分析》，《现代传播》2005 年第 1 期。

［296］周书俊：《选择论》，中央编译出版社 2006 年版。

［297］朱春阳：《现代传媒产品创新理论与策略》，山东人民出版社 2005 年版。

［298］朱光磊：《当代中国政府过程》，天津人民出版社 2002 年版。

［299］朱学东、景延安：《叩问传媒资本市场》，《传媒》2004 年第 9 期。

［300］朱学东：《资本的力量》，《传媒》2004 年第 9 期。

后　记

这本书稿是我的博士学位论文，在出版之际特别感谢我的导师屠忠俊教授，先生的博学与慈爱使我的求学生活充满喜悦与温馨。他总是用最质朴的语言告诉我最真切的道理，常将自己对学术的体验与我分享，让我体会治学的真谛与唯美。书稿从选题、收集资料、开题、撰写，每一个步骤都凝聚着先生的心血与期望，而我从中获取的不仅仅是为学之道，更是为人处世之理。

我也要特别感谢华中科技大学新闻学院各位老师的教诲。吴廷俊教授对本书的大纲和主要观点都给予细心的指导。孙旭培教授的学术精神让我感动，他的建议使我在写作中少走了很多弯路。张昆教授、石长顺教授、赵振宇教授、钟瑛教授、申凡教授、刘洁教授、何志武教授、余红教授都给予我诸多指点。

感谢给我启发、提点的诸位前辈学者，他们的学术精神和学术品质使我心存感激，受用一生。感谢许多优秀的同行学者，他们极富智慧的思想和论述帮我答疑解惑，对他们观点的吸收、消化使我得以站在巨人的肩膀上进行研究。

感谢西安交通大学人文学院的领导和同事，这本书稿能够顺利出版，与学院创造的条件是分不开的，没有学院的督促，很难如期交上这份答卷。

感谢马嘉、张振亭、刘永昶、殷旎、佟春玉、鲍立泉、王展祥等同窗好友，正是有了他们，我的写作过程充满了喜悦。

感谢我的家人，正是有了你们的体贴和宽容，才让我在写作中非但没有觉得辛苦，反倒处处体会到爱与感动。

书稿完成时，我深切地感受到学术道路的艰辛及自身积累的不足，要想对中国报纸产业化进程作一个制度层的梳理和阐释，我才刚刚起步，等待我的将是更富挑战性的历程。

黄　蓉

2014 年 4 月于西安